# 整理・整頓が人生を変える

## 毎日がイキイキする ライフファイリング の方法

小野裕子 著
（ファイリング・コンサルタント）

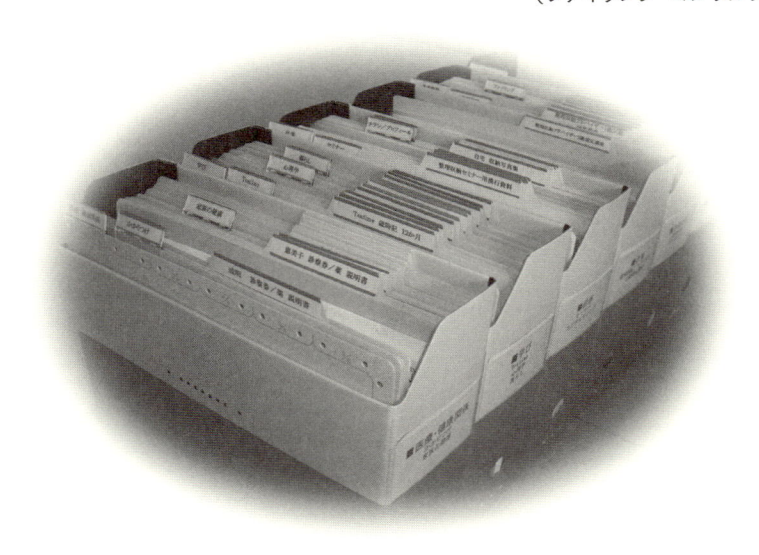

法 研

## はじめに

　「ライフファイリング（Life Filing）」とは、オフィスで採用されている「ファイリングシステム（Filing System）」を個人や家庭向けに私（筆者）がアレンジした文書や情報の整理手法のことです。

　「ファイリングシステム」は、戦後、三沢仁（ひとし）（1917 ～ 98、元・産業能率短期大学名誉教授）によって日本の産業界で広められ、現在もその考え方は企業における文書管理のベースとして広く根付いています。

　「なぜオフィスの書類整理のやり方を今さら？」「決まった整理方法なんてあるの？」「必要ないわ」「今は紙より電子よ」など、いろいろな声が聞こえてきそうですが、ファイリングの現場指導に30年携わった私が読者に伝えたいファイリングシステムの素晴らしさは、「『不変』であり『普遍』である」という真実です。前出の三沢氏の著作である『ファイリングシステム』の初版が出版された1950年から70年近く経過しても、その「基本コンセプト」は全く変わらず、文書の整理のみならず、電子データや物、頭（思考）や心の整理など、幅広く普遍的に応用できるのです。

　ところで、現代ほど文書・情報の整理が個人や家庭レベルでも求められるような時代は、かつてなかったのではないでしょうか？　つまり社会システムや生活様式がさまざまな場面で便利になっていく反面、そのシクミや契約、説明責任などが複雑になり、付随する書類が増えてきています。また職場同様に家庭内にもさまざまなIT機器が入り込んでいます。同時に、私たちの個人情報も守らなければなりません。

そのため、書類を初めとするいろんな「物」が家庭内のあちこちに置かれて、どこかにあるはずの書類や物を探し回ることが、忙しい日常の中で頻繁に起こっているのではないでしょうか。また近年は異常気象が増え、いつ自分が震災や災害に遭遇しないとは限りません。イザというときの備えや心構え、バックアップのことも考えておく必要があります。

　育児や子供の教育、親の介護といった家族の問題、定年後のことや自分の「終活」のことなど、人生を通じて取り組むことはさまざまです。しかし、いろんなことを漫然と考えて手当たり次第に資料を集め、不安ばかりを助長しても仕方がありません。このようなときに効果を発揮するのは自分の身のまわりをスッキリと片づけてみることです。この場合、「物」の整理整頓も必要なことですが、まずは自分のまわりに集まってきたさまざまな「情報」を整理することが重要です。さしあたりこれを「生活情報」と名づけます。

　「情報」の定義はいろいろありますが、ここでは私たちが判断を下すために必要な種々の媒体を介して入手する知識としておきます。「媒体」とは「情報を載せた乗り物」であり、これまで通常は紙や写真・映像などを指していましたが、近年では電子データも含めて考えるようになりました。時として、それは思い出の品であったり、特別な思いで集めたコレクションなども含まれるかもしれません。

　「ライフファイリング」は整理することだけが目的ではありません。情報を整理するプロセスで、全体を俯瞰し、「なぜ集めたのか？」「本当

に必要なものなのか？」「どう利用するか？」などと自問自答を繰り返します。そこで新たな気づきを得たり、キーワードが浮かび上がってきて、自分の生活や人生の目標に向かってどのように行動すればよいのかが、見えてくるのです。

　本書で解説するファイリングの手法は、あらゆるライフステージの読者の日常生活を効率よくイキイキとしたものに変え、読者の夢をかなえたり、憂いを減らすお手伝いをしてくれることでしょう。今回お勧めするファイリングは「個別フォルダー」と「見出しガイド」を使用して整理する方法ですが、これは長年多くのオフィスで実践され、効果が実証されてきたものです。またこのフォルダーを応用して頭の中の"気がかり"を整理する筆者オリジナルの方法（第8章）も紹介しています。

　ファイリングの基本となる「3つのコンセプト」＝「捨 共 流」は、"あらゆる物事"が"でたらめな方向に拡散する"ことへの歯止め、秩序を回復するための考え方でもあります。人生をイキイキ過ごすための流儀として私が読者に伝えたいことです。

　ファイリングのシクミが人生を好転させていく、そのメカニズムをぜひ知ってください。


　2018年4月


　　　　　　　　　　　　　　　　　　　　　　　　　小野裕子

イラスト・サトウコウタ
装　　丁・竹田壮一朗
編集協力・山下青史

# 第1章

# オフィスのファイリングから ライフファイリングへ

## 1　ファイリング指導の現場から得た「３つの気づき」

　私は1988年からファイリングシステムのコンサルタントの仕事に携わり、2017年でちょうど30年になります。この間に日本全国のさまざまな業種業態・規模の企業や団体などで、ファイリングシステムの導入指導を行ってきました。この間、バブル期やその後のバブル崩壊、阪神淡路大震災、市町村合併、リーマンショック、企業の再編成、東日本大震災、企業のグローバル化・IT化の進歩などいろんなことがありました。30年の年月は「一つの時代の流れがみえる（わかる）期間」ともいえます。当初は文書事務の効率化が中心であったオフィスのファイリング導入も、その時々に企業が置かれた状況や環境に合わせて、あらゆるオフィスの問題点解決の糸口として、多くの企業に採用されていったのです。そのようななかで私が得たのは次の「３つの気づき」でした。そしてそれらは、人生をイキイキと前向きに生きていくことに通じているように思います。

**〈３つの気づき〉**
(1) ファイリングシステムは「不変」であり「普遍」である
(2) 整理整頓は人生を変える
(3) 人生はツミアゲ方式である

### (1) ファイリングシステムは「不変」であり「普遍」である

　これについては冒頭の「はじめに」でもふれましたが、ここでは少し詳しく述べておきます。少し専門的になりますが、「ファイリングシステム」とは「組織体の維持発展のために必要な文書をその組織体のものとして、必要に応じ即座に利用し得るように組織的に整理保管し、ついには廃棄するに至る一連の制度のことである」（『五訂ファイリングシステム』三沢仁、日本経営協会総合研究所、1987年）と定義されています。

## トータル・ファイリングシステム

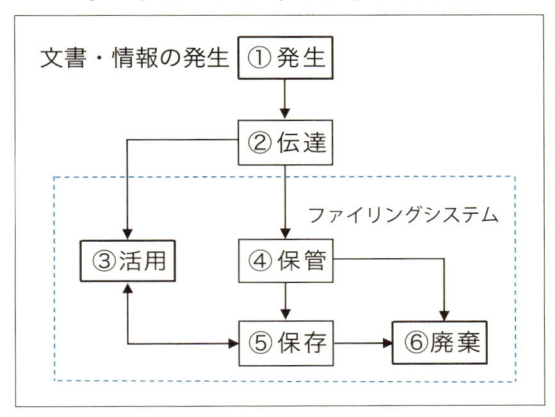

すなわち「利用しやすいように組織的に整理保管して、廃棄するまでの流れをつくる」ということです。さらにわかりやすくいえば、「検索するための技術」であり「捨てるための技術」でもあるともいえるでしょう。当初は紙文書を念頭に作られたこの定義も、現在では「トータル・ファイリングシステム」（一般社団法人日本経営協会提唱、1993年）として次のようなことが加わっています。

① 記録媒体の種類いかんにかかわらず適用できる

② 情報の発生から廃棄までのプロセスを一元管理できる

③ 経営ビジョン、オフィス戦略と直結し、オフィスの重要課題の解決に役立つ

　①の「記録媒体の種類いかんにかかわらず適用できる」ということは、電子文書（電子ファイル）の整理にも当てはめることができるということを意味しています。

　②では前出の定義になかった「情報の発生から」が加わっています。いわゆる情報の「ゆりかごから墓場まで」の「流れ」をつくるということです。オフィスのファイリングシステムはこのように70年近くの時間

**ファイリングの適応範囲は広い**

PCデータや紙文書など、ファイリングシステムは、オフィスのあらゆる場面で活用できるオールマイティの整理術です。

が経過しても基本コンセプトが変わらず、時代にマッチしたかたちで生き続けているのです。しかも実業の世界で③に示しているような効果が実証されている、確かな整理方法なのです。

　私たちにとって、オフィスであろうが家の中であろうが、また書類であろうが物であろうが、必要なときに必要なものがすぐ取り出せるようなシクミは重要です。その点ファイリングは、"不変"であり"普遍性"をもつオールマイティな整理術といっても過言ではないでしょう。

## (2) 整理整頓は人生を変える

　一見ファイリングと人生は関係ないように思えますが、人生を左右する情報は多々あります。ファイリングは文書・情報の整理整頓のことであり、私がここで強調したいのは、文書・情報と向き合う姿勢を意味しています。手元に集まった雑多な情報を取捨選択し、全体を俯瞰して「何を見つけ出すか」「何に気づくか」「ひらめくか」ということです。「気づく」ことで意識が変わり、その人のその後の行動や習慣が変わっていきます。「良い気づき」があれば、良い出会いが生まれ、人生をより良い方向へと導いてくれることでしょう。ファイリングがあなたの情報感度を磨き、人生を好転させる可能性を高めるということです。

　また私たちの生活は職場に限らず日常生活でも、朝起きたときの布団

の上げ下げから夜の眠りにつくまで、絶えずいろんな物を取り出したり片付けたりという行為を繰り返しています。「探し回る」という無駄な時間を減らして、スッキリした空間で頭や心に余裕があれば、大切な時間を有効に過ごすことができるでしょう。

## (3) 人生は「ツミアゲ方式」である

　「ツミアゲ方式」の「ツミアゲ」とは、言葉そのままに下から上に「積み上げて」いくことです。オフィスのファイリングで分類を考える際にその手法を使います。土台を固めて徐々に下から上に分類を作り上げていくイメージです（第4章5「使いやすいフォルダーのまとめ方と分類・配列」参照）。ポイントは分類を構成する1冊ごとのファイルの作り方。それは何を目的に、どんな情報を集めたものなのか、そして適切なファイルの作り方になっているのか（必要な情報が漏れていたり、関係のないものが混じっていたりしていないかなど）ということです。

　1冊のファイルを自分自身のもつ引出し（能力や個性）に当てはめて考えるとよいでしょう。何か自分でやり遂げたいことや目標があるならば、将来その花を咲かせるべく、地道に自分の引出しを一つずつ固め（充実させ）て積み上げ、イザというときにチャンスを逃さず、うまく活用できればしめたものです。

## 2　ファイル（File）はライフ（Life）
**〜オフィスのファイリングからライフファイリングへ進化〜**

### （1）「ホームファイリング」の誕生

　私は2004年に、16年間勤めた株式会社イトーキを退職し独立しました。このとき私には、オフィスで効果を発揮するこんないいシクミ（ファイリング）は職場だけで利用するのはもったいない、これからは一般家庭のファイリング、つまり「ホームファイリング」を広めていきたいという思いがありました。2006年に『夢をかなえるファイリング』（法研）を出版する機会に恵まれたので、それを契機に各地で「小野式ホームファイリング」という名前で講座などを開き始めたのです。

　「ホームファイリング」とは私たちがより良い生活や人生を送るための"生活情報の整理"と定義づけました。その整理手法として、オフィスの「ファイリングシステム」の手法を取り入れるというものです。そして、私たちの忙しい日常を、より効率的に快適に、安全・安心に過ごすための"生活の技術"であるとしています。

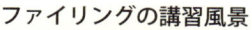

ファイリングの講習風景

### （2）「ホームファイリング」から「ライフファイリング」へ

　ところで当初は「ホームファイリング」でスタートしたのですが、実際いろんな方（クライアント）のお宅に伺って一緒にファイリングに取

り掛かってみると、人によって整理対象の書類が違うことがわかります。例えば次のような具合です。

Aさん（主婦）：年金や保険、契約書、取扱説明書などの整理

Bさん（主婦）：趣味で集めた切り抜きや資料、旅行のパンフレット類

Cさん（会社員）：子供の塾のテストやプリント

Dさん（看護師）：仕事に関する書類、勉強で集めた医療関係の資料

Eさん（研究者）：研究論文に関するさまざまな資料類

Fさん（経営者）：社長室の経営全般に関する書類

Gさん（料理研究家）：料理レシピ

Hさん（大学院生）：講義に関する資料、生活や暮らしに関する書類


　いかがでしょうか？　人それぞれの置かれた状況や立場、ライフスタイルなどが違うのですから、整理対象の書類もさまざまです。そこでいろんな事例を基にまとめたのが、次ページの「小野式ライフファイリングの概念図」です。

　この図は次のように7つのカテゴリーで構成されています。

①ホームファイリング

②プライベートファイリング

③エマージェンシー（緊急時）ファイリング

④ラストプランファイリング

⑤トピックファイリング

⑥コレクションファイリング

⑦ライフアーカイブズ

　この図を作る過程で気づいたのは、今までホームファイリングだと思っていたのは、実は整理対象の全体からみれば一部にしかすぎないということです。

　①のホームファイリングは、どこの家にも共通して存在する基本的な

## ＜小野式 ライフファイリングの概念図＞

| | カテゴリー | ジャンル |
|---|---|---|
| ライフファイリング | ①ホームファイリング | 生活・暮らし、地域 |
| | | 家計・財産 |
| | | 年金・保険 |
| | | 健康・医療・介護 |
| | | 子供 |
| | | 食・環境 |
| | | 住宅（取得・インテリア・修繕） |
| | ②プライベートファイリング | 仕事 |
| | | 知識・教養 |
| | | 趣味・娯楽 |
| | | 旅行 |
| | | その他エンターテイメント |
| | ③エマージェンシーファイリング（緊急時ファイリング） | 事故・事件・救急・災害 |
| | | 救急医療情報 |
| | ④ラストプランファイリング | 自分の歴史・歩み・将来 |
| | | 趣味・おつきあい、交友関係 |
| | | 介護・医療 |
| | | 財産（貯蓄・不動産・その他） |
| | | 年金・保険 |
| | | 自分の想い・願い・家族 |
| | | 葬儀・お墓 |
| | ⑤トピックファイリング | ウエディング（結婚準備） |
| | | 出産・ベビー・育児 |
| | | 住宅購入 |
| | | 引越し |
| | | 子供の受験（小学校〜大学） |
| | | 就職活動（新卒・既卒など） |
| | | 定年・セカンドステージ |
| | | 入院・療養・介護 |
| | | 実家 |
| | | 旅行・長期出張 |
| | | 年末年始の繁忙期 |
| | ⑥コレクションファイリング | コレクション |
| | ⑦ライフアーカイブズ | 自分や家族などの歴史や歩み |
| | | 大切な思い出 |
| | | 記録として後世に残したいもの |

書類を対象とします。会社で例えるならば、総務・経理・人事などが管理している文書と考えると納得することでしょう。人やお金、不動産や財産などに関する大切なものです。

　それ以外の②〜⑦についてはそれぞれのジャンルを見てもらえば、わかっていただけるでしょう。たいがいの場合、①のホームファイリング＋α（②〜⑦）で、個人個人の状況によって他のカテゴリーの書類との組み合わせが整理の対象となります。どこから手を付けたらよいか迷ったときは、この図を手掛かりに整理の優先順位を決めるとよいでしょう。

## (3) ファイル（File）はライフ（Life）

　ところで個人のファイリングでは、対象となるのは日常の生活に関する書類が大半です。なかにはその人の人生や生き方、医療や介護といった命にかかわるような書類も多々あります。英語のLifeは、まさに生活、暮らし、人生、命といった意味をもつので、私は「ライフファイリング」と名付けました。そしてまた、ファイリングの語源であるファイル（File）もアルファベットを入れ替えればライフ（Life）となります。つまり"ファイル（File）はライフ（Life）"、自分の人生をファイルで整理してみましょう！

・アルファベットを入れ替えれば「ファイルはライフ」

　　File　→　Life

・こんなにあるLifeの意味

　　→「命・生命・一生・生涯・人生・生きること・生活・暮らし・生き方・
　　　活気・元気（の元）」など

# 3　ライフファイリングの「3つの柱」〜捨共流〜

　オフィスでファイリングシステムを実施する際の基本方針は次の３つになります。

(1) 不要文書の廃棄

(2) 文書の共有化

(3) 文書に流れをもたせる

　ライフファイリングはオフィスのファイリングの考え方を取り入れているので、整理対象が自宅の書類であってもこの３つの方針（基本コンセプト）を取り入れています。私は覚えやすくするためにライフファイリングの「3つの柱」として「捨共流」と名付けました。

## (1) 捨共流の「捨」とは

　いらなくなった書類は「捨てる」、ということです。職場同様に家の中の書類も、郵便物や外から持ち帰った物などが、日々どんどん増えています。気が付くとテーブルや棚の上にカタログやパンフレット、郵便物やお知らせなどの書類の山ができあがり、イザというとき必要なものがなかなか見つかりません。書類でも物でも、見つけやすくするためにはまず「量を減らす」ことが大切です。

　では「どんな書類が捨てられるのか」ということですが、自宅の具体的な整理については第5章で述べます。ここではわかりやすくオフィスでの例を紹介しておきます。自宅のファイリングにもほぼあてはまるといえます。ちなみに書類をため込んだオフィスでは、次ページの図のように50%の文書は廃棄できるというデータもあります。一般家庭の場合もそれに近いのではないでしょうか。

〈捨てられる書類の例〉

・同じ部署内（または個人）のファイルで、重複している書類

- 印刷済、パソコン入力済などの用済み書類
- 読み終わった新聞、雑誌類
- マイクロフィルムや電子媒体などに保存した原紙不要のもの
- 用済の問い合わせ、回答などの書類
- 年賀状、礼状、DM、宣伝物
- 期日の過ぎた会議、展示会などの案内
- 複数冊あるカタログ類
- 古かったり、現物のないマニュアル類
- 見直すことのない、前任者から引き継いだ書類
- 古くて内容が陳腐化した参考資料
- 過去1年間、利用されなかった書類
- 他部門から参考程度に送られてきた書類
- 保存年限満了の書類

**書類の 50% は捨てられる**

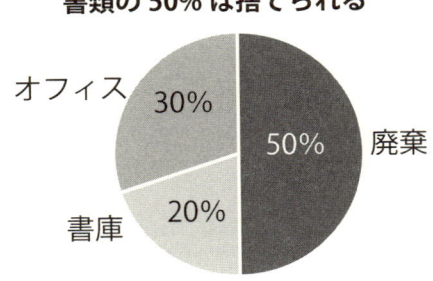

不要文書をため込んだオフィスの場合、50% は廃棄文書、20% はオフィスから書庫室へ移管できる保存文書、30% がオフィスで活用される保管文書というように仕分けできる。(㈱イトーキ調査)

## (2) 捨共流の「共」とは

　書類や情報は「共有」しましょう、ということです。職場であれば当然業務上の文書は、担当者が休んだ場合でも対応できるようにそれぞれの部署での共有化が大原則です。そのために個人で抱え込んだり、私物化することを禁止しています。ライフファイリングの場合は一つの家庭

や世帯を一つの共有単位と考えるとよいでしょう。当然、プライベートなものが多いし単身者の場合は自分ひとりだけです。「共有」という言葉はあまりピンとこないかもしれません。要は、イザ何かあった場合にあわてて家中を探し回ることがないように、家族で書類や情報の所在を明らかにしておくということです。なお私は、ライフファイリングには、良い情報を分け合って「共有する（シェアする）」、良い情報で「共存共栄する」（winwinの関係）といった意味も込めています。

## (3) 捨共流の「流」とは

　書類や情報は食べ物と同じく「賞味期限」や「鮮度」が大切です。利用期限の過ぎてしまったものとそうでないものの混在がみられます。オフィスのファイリングでは、原則オフィスで活用度の高い2年度分の文書を保管し、それ以上とっておきたい場合は、文書保存箱に箱詰めをして書庫室（文書保存用の倉庫）に移動して管理します。このように「オフィス→捨てる」「オフィス→書庫室→捨てる」「オフィスでの利用後、電子化」といった「流れ」をつくります。このような「流れ」をつくることで、オフィスに文書が蓄積することが防げるのです。ライフファイリングの場合も同様、どの場所でいつまでもっておくかという捨てる基準を、利用頻度や時間軸などで決めていくことが必要です。最近は個人でもトランクルームを利用したり、紙からスキャナーを利用して電子化したり、また書籍などはリサイクルショップなどでの買い取りもあるので、「流れ」のつくり方もいろいろ考えられます。

# 4 「個別フォルダー」と「見出しガイド」が肝になる

　書類を整理する際に、意外と見落としがちなのが使用するファイル用品です。「安ければいい」「手元にあるものを使えばいい」などと思いがちですが、うまく整理ができない、続かない大きな原因の一つとしてファイル用品の選び方が挙げられます。現在いろんな種類やタイプのファイルが出回っていて迷うほどですが、でも、もう迷う必要はありません。

　今回のライフファイリングで使用するファイル用品のメインは「個別フォルダー」（写真左）と「見出しガイド」（写真中央）という定番品になります。この2つはファイリングシステムで使用されるファイルとしてJIS（日本工業規格）にも「フォルダー及びガイド」としてJIS S 5506で登録されています。

　「個別フォルダー」（以降フォルダーと呼ぶ）の優れた点などの詳細は第4章3で述べますが、「フォルダー」は、中に書類をはさんで整理するための見出しがついた2つ折の厚紙で、「見出しガイド」は、フォルダーを検索するために使用する見出しがついた板紙のことです。アメリカのスパイ映画などで、キャビネットを開けて目指す書類をササッとフォルダーの中から探し出す場面がありますね。残念ながら日本ではまだあまり一般には普及していないようですが、使ってみれば「目からウロコが落ちる」という感想が出てくるほど便利なフォルダーと見出しガイド、これを機会に広めていきたいものです。

個別フォルダー　　　　　見出しガイド　　　　　使用例

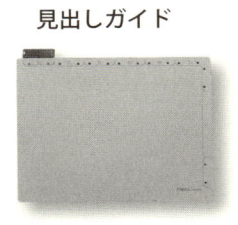
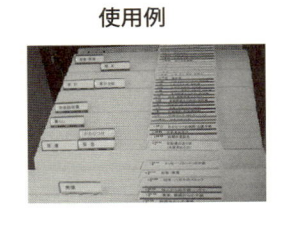

## 5　「ファイル分類表」でリスト化し、俯瞰する

　私がお勧めするライフファイリングは、書類の整理を行うだけでなく、できあがった状態のものをさらにリスト化します。職場の場合はファイリングシステムを導入すると、通常「ファイル基準表」（ファイルの管理表）を作成すると思います。それに似たものとして「ファイル分類表」（下の表）を自宅でも作成するのです。これは実際のファイルの整理状況そのままに、1ファイルごとに書き出します。面倒と感じるかもしれませんが、これを作成すると、どんな書類があるのかが一目でわかるようになります。目録として使えば、イザというときに書類を探し回ることもなくなります。

　また、体系だてて整理したこのファイル分類表の全体を俯瞰してみることによって、改めて気づくこともあるはずです。そのような意味でもこのファイル分類表の作成は、欠かすことができません。

　詳細は第4章で説明しましょう。

### ファイル分類表

| 第1ガイド<br>（大分類） | 第2ガイド<br>（中分類） | 第3ガイド<br>（小分類） | ファイルタイトル | 形状 |
|---|---|---|---|---|
| 家計 | 銀行 | | ●●銀行 | F |
| | | | ■■銀行 | F |
| | クレジットカード | | パパ（○○カード） | F |
| | | | ママ（○○カード） | F |
| | | | パパ（××カード） | F |
| | | | ママ（××カード） | F |
| | | | △△カード | F |
| | 税金・年金 | | 源泉徴収票 | F |
| | | | 確定申告・固定資産 | F |
| | | | ねんきん定期便 | F |
| | 保険 | | パパ（●●生命） | F |
| | | | ママ（△△生命） | F |
| | | | 友子（××生命） | F |
| | | | 火災保険 | F |

# 第2章

# ライフファイリングの
# 必要性と効果

# 1　ワーク・ライフ・バランスとライフファイリング

「ワーク・ライフ・バランス」という言葉をよく耳にします。ワーク・ライフ・バランスとは「仕事と生活を共存させながら、持っている能力をフルに発揮して、それぞれが望む人生（やりたいこと）を生きること」です。

## (1) 私たちは忙しくなりすぎた！

急速に進展したIT技術は、多くの働く人々に1日24時間、いつでもどこでも仕事に応じることが可能な状況を作りだし、仕事とプライベートの区切りが曖昧なものになってきました。男性も女性も、変化するビジネス状況に対応するための勉強時間の確保や、仕事と家庭での自分の責任・役割、長時間通勤、そして長時間労働に四苦八苦するような時代に入っています。このような状況ではとてもプライベートの時間を充実させることなどむずかしく、多くの人は常にストレスを抱えた生活を送っています。

## (2) ライフファイリングで人生を楽しもう！

ワーク・ライフ・バランスが注目される背景には「働き方」に対する多様な価値観の変化や「少子高齢化」、「介護」といった深刻な問題も潜んでいます。しかしながら今、日本は、「子供を産んでも」「介護をしながらでも」「高齢になっても」仕事が続けられるような社会に向けて大きく舵を切りつつあります。そのような「流れ」のなかで、もっと自分の人生を積極的にイキイキと楽しむ方法を知るべきではないでしょうか。

それには「自分の時間をつくる」「自分のやりたいことや夢をみつける」「やるべきことは"仕事"も"私事（しごと）"も効率よく進める」ことです。人生は整理・整頓（片づけ）の連続です。ライフファイリングは、いろんな場面で私たちの片づけをサポートしてくれる強い味方です。

## 2　書類整理で悩むことアレコレ

　ところで、私は今まで数多くの場所で一般の方を対象にライフファイリングやホームファイリングの講座を開いてきました。そのとき必ず参加者に質問することがあります。それは「あなたにとって今、書類整理で困っていることは何でしょう。また、今までに何か困ったことや失敗したことなどがありますか？」という質問です。いろんな困りごとや悩みが出てきますが、ざっくりまとめてみると次のようになります。

### (1) 書類整理の困りごと

- 書類が捨てられない ➡ 溜まる一方で困る
- 書類を探し回って、無駄に時間を費やしてしまう ➡ 時間のロス
- 必要なものが出てこない ➡ イライラするし、不安になる（ストレス）
- 散らかってきて、収納する場所がない ➡ スペースのロス
- 散らかってきて、掃除ができない ➡ 不潔になる
- うっかり大切なことを忘れてしまった ➡ 信用やチャンスを失う
- 書類のサイズがバラバラで、整理しにくい ➡ ほったらかし
- 整理の仕方がわからない ➡ ほったらかし
- 家族が使っても、元の場所に戻さない ➡ 怒りにつながる
- 亡くなった人の整理ができてなくて、親族間でイザコザが発生 ➡ 相続問題発生
- 整理が苦手な人と思われた ➡ イメージダウン

　上記以外にも、肝心なときに保険証券や取扱説明書が見つからない、夏休みが終わって学校へ提出する書類がわからなくなった、課題プリントを探していてしょっちゅう授業に遅刻する、国民年金免除申請の書類が見あたらないなど、困り方も困り具合の程度もさまざまです。さて、読者の皆さんはいかがでしょうか？

## （2）整理できないために生じる弊害

　ここで大切なことは、そのように困った事実をしっかりと受け止めることです。「どんな弊害やロスが発生したのか」ということを。それらは次の7つにまとめることができます。

①無駄に探し回る「**時間的なロス**」

②散らかったものがスペースを占拠してしまう「**場所のロス**」

③前出①と②を人件費やスペースコストに換算する「**金銭的ロス**」

④大切な書類が見つからないあせり、または紛失によってもたらされる結果を心配するといった「**不安や精神的ストレス**」

⑤相続で親族同士がもめるといった「**人間関係の悪化**」のもとになる

⑥大事な書類がないために起こる「**信用の喪失やチャンスの見逃し**」

⑦整理が苦手というレッテルが貼られる「**イメージダウン**」

　いかがでしょう、書類整理が苦手だとさまざまな弊害が出てくることがおわかりいただけたと思います。特に「時間的なロス」ですが、職場では書類など必要なものを探すのに1日20分程度費やしているといわれていましたが、私の実感では最近は30分程度に延びているように思われます。それはパソコン内の電子データを探すのに時間がかかっているからです。1日30分のロスタイムを1年間に換算すると120時間（年間240日で計算）になります。1日8時間勤務とすればなんと15日。無駄な時間はできる限り減らして、時間を有効に使いたいものです。

　なお、これらの弊害は物の整理上の問題点と基本的に共通していますが、ファイリングでは「書類」という紙に載った「情報」に価値があるという特殊性から、特に④⑤⑥に着目します。また、日常をイキイキ楽しく過ごしていきたいと思えば、⑦のようなイメージダウンで人から先入観をもたれるのも困りものです。まずは自分の身のまわりの整理が必要ですね。

## 3 書類整理が苦手な人の特徴

　前項で書類整理をする上での悩みや困りごとなどについて述べましたが、ここでは書類整理が苦手な人の特徴について触れておきます。

　職場の場合は本人だけの問題にとどまらず、周囲に影響が及ぶので、苦手な人もそれなりに工夫や努力はするものです。しかし自宅になると野放図になってしまいがちです。また、書類整理が苦手な人は、程度の差はありますが、物の整理も苦手な場合が多いようです。私が個人宅に呼ばれてファイリングの指導を行う場合、私のほうが先頭に立って物の片づけや部屋の掃除も行うケースが多々あります。

### ①「いつかそのうちに」と思っている

　少々散らかっていても生活に大きな影響があるわけでもないし、いつかそのうちにやろうと思っている。結局その「いつか」が来ることはなく「あきらめ」がやってくる。何でも後回しにしてしまう癖がある。

### ②捨てられない

　こちらもキーワードは「いつか」。「いつか必要になるだろう」と思い、いつまでたっても捨てられない。また自分なりの判断基準が明確でなく、今まで曖昧なままで過ごしてきた。

### ③とりあえず取っておく

　「とりあえず」が口癖のようになっている。とりあえずなので、所定の置き場があるわけでもなく、適当にそのへんに置いておくので書類の山ができあがる。結局そのままほったらかしになってしまう。

### ④できない言い訳をする

　「忙しいからできない」「一段落してからやる」「収納ケースを準備してから……」など、できない（やらない）言い訳をいろいろ準備している。心理的にやりたくないと思っている。職場では嫌われるタイプ。

## ⑤すぐに計画したり実行したりしない

　④とは違い、本人としては手をつけたいと思ってはいるが、とにかく腰が重い。要はめんどくさがりなだけ。職場でもこの調子だと問題。

## ⑥整理とは、横に動かすことと思っている

　整理というと、今まで置いておいた場所から別の空いた場所に移動させているだけ。いわば「場所の平行移動」だと思っている。これに関係して、整理と整頓については、第3章1で説明します。

## ⑦ちょい置きが多い

　書類は自宅にいてもなんらかが日々発生するものですが、郵便物や回覧、お知らせなどの置き場を決めていないので、ちょっとした空間や隙間に何気なく置いてしまう。そしてそれを忘れてしまう。さらに不安定に積み上げてうっかりそれに触れた場合、雪崩を起こしてしまう。

## ⑧ちょい書き（メモ）が多い

　書類整理が苦手な人と一緒に片付けをしていて気づくのは、いろんなところから出てくるメモや走り書きです。それは手帳やノートであったり、チラシの裏や小さなメモ帳に書かれてあったりなど。書いた本人すら忘れています。

## ⑨文房具がたくさんある

　書類と文房具は一緒に使いますが、書類整理が苦手な人は筆記用具やフセン、カッターやハサミなど、トレーなどにあふれるくらい持っている場合があります。その原因は、見つからないので二度買いをしたり、壊れていても捨てない、無料サービスのペンなどの小物をいつも持ち帰ってしまうなどです。

## ⑩全部電子化すればいいが口癖

　「紙の書類は全部電子化すればいい」が口癖。そのような人に限って、いつまでもそれに取り掛からない。そもそも電子化の必要のないものまで手間をかけて電子化するなど、愚の骨頂。

# 4 ライフファイリングの効果〜15人からのメッセージ〜

今まで書類整理での悩みや、書類整理が苦手な人の特徴について述べてきましたので、ここでは、具体的にどのような問題が生じていたのか、解決してどのように変わったのかを、ライフファイリングを実践した15名に述べてもらいました（紹介するのは、私が主催するファイリング・ゼミへの参加者などです）。ライフファイリングからどんな効果や気づきを得たのかに着目してください。

[ケース1]　今回、いかに自分がたくさんのものを溜めこんでいたのか気づきました。また片付ける際の決まったルールがないため、「とりあえず、そのへんに置いておく……」という場面が多くありました。ものの置き場（定位置）を決めることが大切。これまで自分がいろいろと「後まわし」にしていたことがわかりました。職場でもファイリングを広めていきたいと考えています。（Kさん・会社員）

[ケース2]　今回のライフファイリングを通して、「今まで、ムダな物や時間が多かった」「整理することで時間の節約になり、余計な心配もしなくて済むようになった」「自分の性質は気が散りやすい」など、いろんな気づきがありました。いずれにしても必要な書類がすぐ取り出せるようになり、安心感があります。（Dさん・会社員）

[ケース3]　ファイリングを進めていくなかで、自分の生活の重点がどこにあるかが「視覚化」されて心がスッキリしました。また、書類の出し入れがスムーズになったことはもちろん、部屋の雰囲気が変わって"キチンと感"が出てきてうれしいです。これからは「ファイリングの良さ」をまわりの人に伝えていきたいです。整理収納も気持ちも"進化"

した感があります。（Hさん・会社員）

**[ケース4]**　今回母と一緒に母のものを整理しましたが、自分と母との共通点が多いことに改めて気づきました。ファイリングは書類を整理することでありながらも、自分の頭をフルに使いながらアレコレと筋道を考えて分類や利用価値・保管期間などを考えます。それがとても自分の頭（思考）の整理に役立ちました。そして整理することにより、過去にけじめをつけて前向きな気持ちがわいてきました。空間的な余裕もできて、少し自分も行動的になってきたような気がします。（Oさん・自営業）

**[ケース5]**　ファイリングからの気づきで次の2点が大きかったです。
①入れ物（フォルダー）を先に作ると中に書類を入れやすく、どんどん部屋がキレイになる。
②"横"に積んでいた書類を"縦"にすることで引き出しやすくなる。
　物が多い家なので、これを機会にもっと整理の幅を広げていきたいと思います。（Oさん・会社員）

**[ケース6]**　自宅と仕事関係の書類のファイリングをしました。量が多かったので、とても達成感があります。いらないものを捨て、ファイリングが完成し、全体を俯瞰してみると、不思議ですが「無」というか「0」というか頭が真空状態。その後、自分のやりたいことを「色」や「量」で目視できることがファイリングのオモシロイところですね。（Aさん・主婦）

**[ケース7]**　どう分類したら使い勝手がよいのか、考え込んでしまう時間が多く、また雑事が多く、集中できる時間がまとまって取れないのが悩みでした。でも今回の作業を通して、本当に大切なものは何かが、見

えてきた気がします。また、自分の持ち物なのに「整理ベタ」を思い知りました（笑）。これからはファイリングという一つの「普遍的な整理方法」を手に入れたので、迷わない自分になれそうです。（Nさん・主婦）

[ケース8]　自宅でのファイリングを実践しました。作業を終えて、自分の関心事が明確になりました。また、家族に書類の所在場所を教えやすくなりました。これからはシステムが継続するようなシクミを作って、バージョンアップさせていきたいと思っています。

　キーワードは「すぐ判断」「いらないものは捨てる」「フォルダー化」「習慣化」「バージョンアップ」「元に戻す」「未処理は分ける」……といったようなことです。（Yさん・会社員）

[ケース9]　書類の整理だけでなく、その置き場全体を整理したら、いろんなものの整理に波及し、結果として書類以外のものの整理まで終わりました。部屋が片付き、いろんなものの置き場が決まったので、探す時間が激減しました。自分の興味あることが明確になり、頭がスッキリしました。ファイリングの考え方は、書類だけでなく応用範囲が広いので、感心しました。（Aさん・主婦）

[ケース10]　家の中の書類の整理をするのは大変です。自分のものだけではないので。でも、今回そこにメスを入れて整理しました。家族共有のもの、自分のもの……などの区分が明確になりました。必要以上にため込んだものをスリム化し、重要なものは別置きするなど、ファイリングはシステム化されているので、わかりやすいですね。自分の中の整理基準がハッキリしてきました。Tさん（主婦）

[ケース11]　今まで書類をしまう場所がなかったり、保存方法ばかり

考えて行動を起こさなかったのですが、思い切って家の中の書類を整理しました。今は必要なものがすぐ取り出せ、スペースができて、部屋がきれいに片づきました。家族でも書類の場所や内容がわかるように共有化が進みました。（Sさん・主婦）

[ケース12]　大量に溜めこんだ書類や子供のプリント類、バラバラのファイルなどを目の前にして茫然としていましたが、思い切ってチャレンジしました。シクミがはっきりしているので取り組みやすかったです。（Iさん・主婦）

[ケース13]　娘と相談しながら、彼女の高校受験用の資料をファイリングしました。ファイリングは楽しい上に、スッキリ、すぐ探せる……と、"いいことづくめ"のように思えます。（Wさん・主婦）

[ケース14]　会社の仲間4人でやってみましたが、他のメンバーの様子を見聞きすることが勉強になり、参考になりました。職場で言われる「不要なものを捨てる」「分類する」ということは、家庭内でも重要だと感じました。（Yさん・会社員）

[ケース15]　物を探すイライラがなくなり、代わりに整理することによって効率的に動ける快感を得ました。今回、自分の重要度の感覚がズレていた……ということにも気づきました。それから「整理が嫌い」だった私が、コツをつかんだら「整理好き」になりました。これらは貴重なこと。（Uさん・会社員）

# 第3章

# ライフファイリングの前に
# 押さえるポイント

# 1 「整理」と「整頓」の違いを知る

　オフィスの「ファイリングシステム」は、日本語に訳すと「文書整理制度」で「整理」という言葉が使われています。日本人であれば誰しも学校や工場などで一度は目にしたことがある「整理整頓」という言葉ですが、この言葉について説明を受けたり、具体的な方法などを教えてもらったことはあまりなかったはずです。ライフファイリングでは書類の整理を第一に優先して行いますが、その延長線上に物の整理も含まれています。そのようなことも考慮して、「整理」と「整頓」の違いについて最初に説明しておきます。

■**整理** ⇒ 「いるもの」と「いらないもの」をハッキリと区別して、「いらないもの」を思い切って捨てること。
■**整頓** ⇒「必要なもの」を必要なときに「いつでも取り出せる」ように、整えておくこと。

　いかがでしょう。「へぇ〜」と驚く人もいるのではないでしょうか。ここでは「整理」は「捨てる」ということを意味しています。また「整頓」は捨てた後に残った、本当に必要なものをいつでもすぐに取り出せるように「整えておく」ということです。「整える」とは、きちんと片づけることですが、具体的にいうと「わかりやすいように分類したり、並べ替えたり、見出しを表示したり」することです。

　私たちが日ごろよく口に出して使うのは「整頓」よりも「整理」のほうが多いと思います。この場合、ニュアンス的には「整理」も「整頓」も含めていると思いますが、実際は本来の「整理」がもつ意味の「捨てる」ことを後回しにして、並べ替えたり置き場所を移動したりといった行為でお茶を濁して、本来やるべきこと（捨てる）を見逃したり、後回しに

していることが多いのではないでしょうか？　「捨てる」とは「量を減らす」ことです。探しやすくするための一番のベースといえます。前出の「捨共流」を思い出してください。

　また、日ごろから常に、これは「『整理』なのか『整頓』なのか」を意識しておくことが大切です。

　なお、「片づけ」という言葉もよく使われる言葉ですが、私は「整理」と「整頓」の両方を合わせた意味として使用しています。

　オフィスで実際に行われているファイリングシステムは、「整理」と「整頓」の実務的な効能をきっちりと引き出すシクミなのです。

### 「整理」・「整頓」どちらでしょうか？

| | 「整理」と「整頓」の違いをチェック | 整理 | 整頓 |
|---|---|---|---|
| 1 | 机の上の書類を、未処理と処理済みに分ける | | |
| 2 | 処理済みの参考資料を捨てる | | |
| 3 | 3年前の書類を保存箱に入れて書庫へ持って行く | | |
| 4 | ペン立ての中の、使えない文房具を捨てる | | |
| 5 | ファイルをサイズごとに並べる | | |
| 6 | 必要のないダイレクトメールを捨てる | | |
| 7 | 本棚の本を、ジャンルごとに分類する | | |
| 8 | 名刺を社名で50音順に並べる | | |
| 9 | 終わった仕事の書類で、捨てるものと残すものに分ける | | |
| 10 | パソコン内の使わないファイルを削除する | | |
| 11 | パソコン内のファイルを、テーマごとのフォルダで分類する | | |
| 12 | 机の引出しの中のものを、使いやすいように並べ替える | | |
| 13 | ダブっている資料について、1部残して他を捨てる | | |
| 14 | キャビネットの前面に見出しを表示する | | |
| 15 | 帰宅後に、持ち出した書類を元の位置に戻す | | |

## 2　「整理」と「整頓」で検索の「道筋」をつくる

目の前にたくさんの雑多な書類や情報があると、どこから手をつけてよいのか茫然とすることがあります。そのように、雑多な中から必要なものを探し出す（検索）ときの考え方ですが、前項で述べた「整理」と「整頓」を利用して検索性を高めるための「道筋」をつくることができます。それは「整理」から「整頓」に移行していくプロセスのなかでわかりますので、次ページの図を使って説明します。

①整理前を「第１ステージ」とします。この段階では雑多にいろんなものが混在した状態で、パッと見て全体の状況がよくわかりません。

②次の「第２ステージ」では「整理」を行い、"いるもの"と"いらないもの"を区別します。"いらないもの"が「■」です。"いるもの"として残ったのは「数字」と「アルファベット」です。混在した当初の40個から32個に減りました。この段階で不要なものが取り除かれたので、全体の概容が少し見えてきます。

③最後の「第３ステージ」では、残った"必要なもの"の「整頓」を行います。必要なときに取り出しやすくするために、「共通性」に着目し"似たもの同士のグルーピング"を行います（POINT 1）。この場合は「数字」と「アルファベット」のグループです。両グループに見出しの表示を行い、見つけやすくするために並べ方も5個ずつ縦に並べ替え（POINT 2）、さらに両グループの色を変えてみました（POINT 3）。

いかがでしょう。当初は雑多でいろんなものが混在していた状態でしたが、「整理」と「整頓」のプロセスを通して検索性を高める思考の「道

筋」をつくることができました。「わかりやすい、一目でわかる状態」をつくることがポイントです。これはどんなものを整理する場合にも取り入れられる便利なプロセスです。大切なことは「道筋」ができたら全体を俯瞰して見ることです。

### 第1ステージ　最初の混在した状態

| H |  | 11 | 4 | 18 | I |  | 10 | 15 | C |
|---|---|---|---|---|---|---|---|---|---|
| 1 | 9 | F | J |  | 17 | 12 | 3 | E | 5 |
|  | A | 16 | 2 | N |  | D |  | 14 | M |
| G | 8 |  | K | B | 13 | 7 | L | 6 |  |

### 第2ステージ　整理ーいらないものは捨てる

いらないもの　　　　　　　　　　　　　　　　　　　　　　　捨てる

いるもの

| H |  | 11 | 4 | 18 | I |  | 10 | 15 | C |
|---|---|---|---|---|---|---|---|---|---|
| 1 | 9 | F | J |  | 17 | 12 | 3 | E | 5 |
|  | A | 16 | 2 | N |  | D |  | 14 | M |
| G | 8 |  | K | B | 13 | 7 | L | 6 |  |

### 第3ステージ　整頓ーいるものを2つに分けて、わかりやすく並べた状態

**POINT 1**
グルーピングする

**POINT 2**
5つずつ縦に並べる

**POINT 3**
グループごとに色分けする

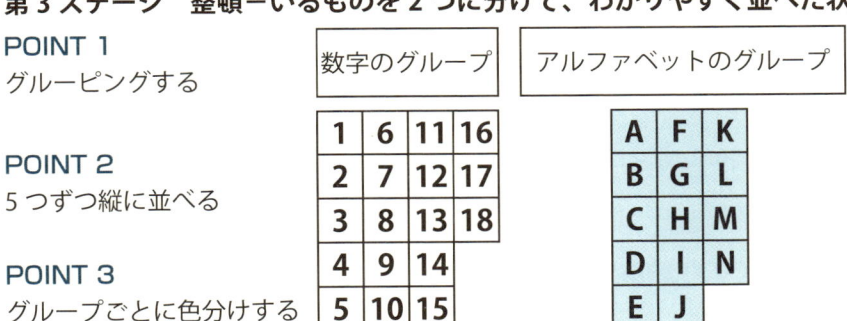

数字のグループ

| 1 | 6 | 11 | 16 |
|---|---|---|---|
| 2 | 7 | 12 | 17 |
| 3 | 8 | 13 | 18 |
| 4 | 9 | 14 |  |
| 5 | 10 | 15 |  |

アルファベットのグループ

| A | F | K |
|---|---|---|
| B | G | L |
| C | H | M |
| D | I | N |
| E | J |  |

## 3　ファイリングの５つの基本動作を身につける

　第２章の3で、「書類整理が苦手な人の特徴」について紹介しましたが、そのような人たちに日常的に取り入れてもらいたい習慣があります。それは次に挙げる「ファイリングの５つの基本動作」です。一つひとつは簡単なことですが、シクミとして、また一連の動作を意識せず行える習慣とすることが大切です。この基本動作は書類に限らず、物の整理や優先順位づけなどにも当てはまるので、その点でも役立ちます。

(1) 捨てる

(2) 分ける

(3) 「見出し」を表示する

(4) 並べ替える

(5) 元に戻す


### (1) 捨てる

　「いらない書類は捨てる」は、第1章3の「捨共流」でも説明していますが、これを行わないとどんどん不要で雑多な書類が溜まっていき、主に次のような問題を引き起こしてしまいます。

・必要な書類を探すのに時間がかかる

・置き場がなくなる

・大切なものを紛失してしまう

・散らかって雑然とし、不潔になる


　ここで特に問題になるのは「大切なものを紛失してしまう」こと。紛失の原因は、必要なものがいらないものの中に混じって見分けがつかなくなるからです。書類の内容や重要度にもよりますが、相手方に再度送ってもらったり、こちらから出向いたりなど後々面倒なことが発生し

ます。最悪なのは借りたものやそれしかない原本、思い出が綴られた大切な記録や手紙など唯一無二のものをなくすケースです。信用もなくし、自己嫌悪に陥ることもあるでしょう。

　また、「どこかにあるはず」とわかっている場合も、非常にストレスを感じさせます。「捨てる」ことは「整理」です。捨てて量を減らせばスッキリして片づけがしやすくなります。目の前のチラチラと心を惑わすものは書類だけにかぎらず、物であろうが電子データであろうが目の前からその存在自体をなくすること、潔く「捨てる」ことです。

　とはいえ、紙類の書類は、紙以外の物とは違い、捨てることへのためらいや執着があり、捨てるにも勇気が必要です。捨てる勇気を出すには、自分で「何が必要で、何が不必要なのか」という判断基準をしっかりもって（作って）おくことです。その点、企業の場合は関連する法律や社内規定、業界内での基準などのガイドラインがあるので、それらを参考にしながら決めていきますが、個人の場合は一つひとつ自分が向き合っていかなければなりません。それが面倒な人は極力「物を持たないこと」です。

　いずれにしても"悩まず・迷わずに捨てやすいシクミ"をつくることを考えてみましょう。

〈書類を捨てやすくするための10のポイント〉
### ①重要度のレベル分けをする
　重要度のレベルを3〜5段階程度で設定し、低いレベルの書類は捨てるなどの基準づくりを行うとよい。
### ②発想の転換、「未来形」から「過去形」へ
　「いつか使うかもしれない」という「未来形」の呪縛から逃れ、「過去

形」でどれくらい使ったかと、発想を転換する。すると「いつかはなかなかやってこない」ことに気づくはず。過去1年間で一度も見なかった・使わなかった書類は思い切って捨てる。

### ③時間軸で期限を決める

雑誌などのバックナンバーは過去1年分などの期限を決め、それより古いものは捨てる。書類については内容にもよるが半年や1年に1回程度で見直して、中身を差し替えるなどして情報の鮮度管理を行うとよい。

### ④収納スペースで制限する

家の中での収納スペースには限界がある。「この棚や引出しに入るだけ」など、自分でスペースを限定して保管するとよい。

### ⑤「用済み」書類は分けておく

利用が終わった書類は使用中のものと分けて、別にしておく。そうすると捨てやすい。

### ⑥「とりあえずとっておく」程度のものは捨てる

「とりあえず……」程度の書類は、たいがいの場合あまり重要ではない。必要な情報はネットで入手できるものが多い。

### ⑦原本の所在場所を知っておく

書類の原本の所在場所や問い合わせ先などを知っておけば、後で再入手できる。自分でもつ必要がなくなる。

### ⑧捨てるのに迷ったら

期限つきの「猶予箱」を準備して、3〜6カ月程度様子をみてみる。その間の利用がなければ捨てる。

### ⑨電子化して保存する

捨てるのに"どうしても迷う"参考資料などは、スキャナーやデジカメを利用して電子化し、保存する。紙は迷わず捨てる。

### ⑩自分としての価値や判断の基準をもつ

何でもとっておくのがマイルール……では困るが、自分にとってどん

な情報が一番必要で大切なのかという基準をもつこと。これは突き詰めれば自分自身を知ることでもある。これが明確なほど、集める情報の量も内容の質もアップする。

## (2) 分ける

　雑多な書類を分けないでそのままにしておくと、次のような問題が発生します。

・いるものといらないものが混在する
・必要な書類がすぐ見つからない
・ゴチャゴチャ雑然としてくる
・見るのも嫌になる（ストレス、意欲減退）

　ここで問題になるのは、いろんなものが入り混じり、必要なものが取り出せなくなることです。誤って捨ててしまったり、別のところに紛れ込んでしまったりなど。物の場合は見た目のカタチが違いますから紛れ込んでも区別はつきやすいですが、その点書類の場合は似通った白いA4サイズの紙が多いので厄介です。

### 〈「分ける」ことと「分類」は違う〉

　ところで「分ける」といえばすぐ「分類する」ことと思いがちですが、広辞苑で調べてみると次のような違いがあります。

■**分ける**⇒ 境界をくっきりとつけて離す、「区別する」「区分する」こと。
■**分類**　⇒ 種類によって分けること。物事の区分を徹底的に行い、事物またはその認識を整頓し、体系づけること。

　ファイリングでは最終的に探しやすい「分類」を作りますが、ザック

リとでも「分ける」ことがポイントになってきます。実は、私たちは日常生活でも知らず知らずのうちにいろんな場面で「分ける」ことを行っています。たとえば、スーパーで買うものと八百屋さんで買うものを分けたり、もらった薬を朝昼晩と分けたりなど。「分ける」ときには、どんな場合も何を「キーワード」にして分けるのかがポイントになります。「分ける」とは、常に喉元に「判断」を突き付けられているともいえるでしょう。ですから普段から「分ける」ことを意識しておくと、ファイリングの感度も上がってきます。

### 〈書類を「分ける」切り口〉

　それでは書類を分ける場合の切り口ですが、最初のステップでは一般的な次の４つの方法を紹介します。机周りをとりあえずスッキリさせたいような場合は効果的です。
①「いる」「いらない」（要不要）に分ける
②「保管」「保存」「廃棄」の３つに分ける
③「未処理」「処理中」「処理済」
④「進行中」「終了」
　②以外は書類が手元にきたときには、モタモタしないで、すぐに分けることです。
　③と④は、たくさんの書類がある場合の分け方です。
　なお、書類は平積みしないでボックスファイルなどに入れて立てておくことと、そのボックスに「未処理」などの見出しを表示することが大切です。
　利用頻度の高いものはメインの収納場所で保管、利用頻度が低いものは箱詰めして別場所で保存、不要なものは廃棄します。

### (3) 「見出し」を表示する

　ファイリングでの「見出し」といえば、書類を入れたフォルダーへの見出し表示と、収納するキャビネットやボックスファイルへの見出し表示を指します。私はファイリングの指導で、いろんな企業を訪問しますが、整理されているかいないかの一つのチェックポイントが、この見出し表示です。キャビネットへの表示やフォルダーへのタイトル記載が整っているところは、文書管理も安心できますが、そうでないところは要注意。

　自分しか使用しない自宅のファイルであっても、「昨日の自分は他人」と思い、すべてのフォルダーにタイトルを表示するのが基本ルールです。またボックスファイルを使用する場合も、必ず前面に内容を表示し「見える化」状態にすることがポイント。見出しがないと、すべてのボックスを引っ張り出さなくてはならない状態になってしまいかねません。

**中身がわからないボックス**

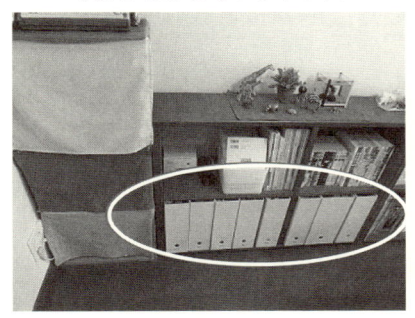

**見出し表示で中身がわかるボックス**

　ところで、見出し表示による「見える化」のメリットは、文書管理が効率よく行えることだけにとどまりません。人間が行動を起こすプロセスを考えてみると、目から入ってくる情報は、行動を起こすトリガー(引き金)となります。つまり「表示する」→「目に見える」→「認識する」

→「判断する」→「行動する」とつながっていくわけです。このプロセスのなかで良い「気づき」を得て、思考回路を回してもらいたいのです。

## (4) 並べ替える

　「並べる」とは同列にそろえることを意味しています。「並べ替える」とは、その状態を変えることです。ただ同列に並んでいるだけでは、探すときに最初から順番に見ていくので時間がかかります。でも、ここで何らかの決め事（ルール）で順番を決めて並び替えれば、よりスムーズに探し出せるようになります（第3章2、第3ステージ参照）。

　そしてその決め事は、できるだけ「客観的」で「わかりやすく」、しかも「秩序がある」ことが望まれます。ここでは次の3つを紹介します。

### ① 関連性や関係性で並べる

　一緒に使うものや関係性があるものを近くに配置する。また、関係が深いものから薄いものへと配置する。

### ② 優先順位の高いものから順に並べる

　重要度や緊急度などを考慮して決めた優先順位に従って、それが高いものから低いものへと配置する。

### ③ 一般的な法則に従って並べる

・仕事や手続きなど「流れ」があればその順番で配置する。
　（例）人事の場合（募集→試験→採用→研修）
　　　　営業の場合（商談→見積→受注・発注→納品→請求→入金）
・新しいものから古いものへと配置する。
・通例的なものから特殊なものへと配置する。
・全般的なものから個別的なものへと配置する。

　このような予備知識があれば「分類」を考えるときにあまり悩まずにすむので、思考のルートマップが作りやすくなります。

なお、並び替えの順番が決まったら、それらは左から右に向かって並べます。人の自然な目の動きに合わせて配置するのです。

元の位置に戻すことが大事

## (5) 元に戻す

　書類でも物でも使った後でキチンと元の場所に戻しておかないと、まわりの人が迷惑します。自分一人の場合も後で探し回る羽目に陥ることがあるので、普段から使ったら元に戻すことを守って習慣にしましょう。メーカーなどでは「定物定位」という言葉が標語のようにありますが、これは、置く場所が決められている物については、使用した後に、再びもとの位置（定位置）に戻すという意味です。いくら整理や整頓を進めたところで、最後に元に戻しておかなければ、ファイリングの土台が崩れてしまいます。

# 4 ファイル用品の特徴を知る

　ファイル用品には、「綴じたり」「挟んだり」「投げこんだり」とさまざまなタイプがあります。

　大きく分けると、書類に"穴を開けて綴じるタイプ"と"穴を開けないで書類をそのまま入れるタイプ"の2種類に分けられます。前者の代表的なものに「バインダー」や「フラットファイル」が挙げられ、後者の代表としては「個別フォルダー」や「クリアホルダー」などが挙げられます。

　また綴じるタイプのファイルには、その長い歴史の中で工夫されたヒモやビス、綴じ具などが数多くあります。詳細は「日本ファイルバインダー協会」のホームページ（http://www.j-fba.jp）などを参照するとよいでしょう。

　いずれにしても、用途に応じて使い分けるのはよいのですが、いろんなファイル用品を持ち過ぎると、かえって不便をきたしかねません。また、100円ショップなどでは気軽にいろんな商品を購入できますが、定型サイズでなかったり、同じ商品が次にはなかったりといったこともあるので、できるだけ「定番品」を使用することをお勧めします。そして自宅での使用を考えると、使いやすさはもちろんですが、できるだけ値段が安くてあまり収納スペースをとらないものが望ましいですね。

　ここでは広く使われている代表的なファイル用品の特徴や使い方などを紹介します。

バインダー

## （1）穴を開けて綴じるタイプのファイル
### ① バインダー

　オフィスでよく見かけるもの。2〜10cm程度の幅があり、大量の書類を本のようにまとめて整理できる。

### ② フラットファイル

オフィスや一般家庭でもよく見かけるもの。1cm程度の幅なので、案件ごとの書類の整理などに用いる。

フラットファイル

## (2) 穴を開けないで、そのまま入れるタイプのファイル

### ① 個別フォルダー

厚紙を半分に折ったもので、見出し山がある。書類を1件別にまとめて整理保管するのに適している。分類する際には「見出しガイド」を使う。

個別フォルダー

### ② クリアーホルダー

クリアファイルとも呼ぶ。安く手軽に入手でき、多く使われている。一時的な書類の保管や少量の書類を1件別に整理する場合に向いている。ボックスファイルの中に入れて収納。フォルダーの中で使用する場合もある。

クリアーホルダー

### ③ クリヤーブック

クリアブックとも呼ぶ。見開きでページがめくりやすく、書類が保護されているので、参照資料やマニュアル、持ち出し時の資料などを入れるのにも適する。

クリヤーブック

### ④ ボックスファイル

主に個別フォルダーやクリアーホルダーなどを入れて整理保管する。仕掛書類やカタログ、パンフレット類を入れてもよい。縦型と横型がある。ボックスファイル単体を入れ物にする、整理用品としても使用できる。

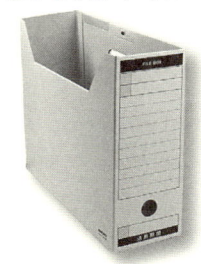

ボックスファイル

### ⑤ ケースファイル

ケースファイル

　厚みがあり、不定形な書類や小物などを一緒に収納できる。またケース状なので一時的な持ち出しもしやすい。

### ⑥ ドキュメントファイル

ドキュメントファイル

　分類しやすいジャバラ式ポケットファイル。ポケットにインデックスがついているので、日付や番号など、区分けして書類を入れられる。

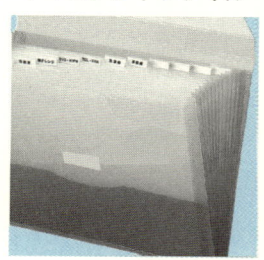

## 5 | A4サイズで統一する

　書類を整理していくうえでネックになるのは、大きさやサイズがバラバラの場合です。オフィスの書類は、現在では特殊なもの（図面など）を除いてはA4サイズが主流で、整理も進めやすくなりました。

　一方、家の中にある書類については、ほとんどがA4サイズになってきたとはいえ、まだまだ下記のような不定形なサイズがめずらしくありません。大きいサイズであれば折ることで対応できますが、小さいものほど整理がしにくい面があります。そのような規格外のものが多いので整理がしづらいと感じている人も少なくありません。

### 家の中の書類はいろんなサイズが混在
（注）公共料金のお知らせは2018年1月1日現在、東京都の場合

| 名前 | サイズ（短辺×長辺）cm |
|---|---|
| 年金手帳 | 10.5 × 14.8 |
| 健康保険証 | 5.4 × 8.5 |
| 預金通帳 | 8.5 × 14.0 |
| パスポート | 8.8 × 12.5 |
| はがき | 10.0 × 14.8 |
| ポイントカードや利用券など | さまざま |
| カード（クレジットカード、銀行カードなど） | 5.4 × 8.5 |
| 電気使用量のお知らせ（兼電気料金等領収証） | 11.4 × 18.0 |
| ガス使用量のお知らせ（兼ガス料金等口座振替済領収証） | 11.4 × 18.0 |
| 水道・下水道使用量等のお知らせ（兼口座振替済のお知らせ） | 11.4 × 19.0 |
| 携帯電話口座振替のご案内（兼電話料金等料金領収証） | 21.9 × 29.6 |

　書類でもほかの物でも共通していることですが、整理をしやすくするためには大きさやサイズを極力統一して「規格化」することです。そろっていないと見た目も判別しにくく、また収納しづらいので収納スペースのロスが発生することもあります。書類サイズについてはA4サイズを

基本に考え、使用するファイルもできるだけ統一しましょう。

　書類サイズがそろっていない場合には、次のように対処するとよいでしょう。

### ① A4サイズより大きい（B4やA3など）

　半分に折る。その際にプリント面を見えるように折る。

### ② A4サイズより小さい（B5やA5など）

　「大は小を兼ねる」の言葉どおり、小さい場合はそのまま入りますが、収まりが悪い場合は書類の左肩をダブルクリップで留める、またはA4サイズの透明なクリアーホルダーに入れたうえでファイルするとよい。

### ③ バラバラで不定形なサイズのもの

　クリアーホルダーに入れたり、A4サイズのポケット状リフィル（台紙・右写真）を使用するとよい。ポケットの大きさやポケットの数も2・4・8ポケットといろいろあり、入れるものに合わせて選べるので便利。

**ポケット状リフィル**

　ポイントカードやCD/DVDを専用に入れるものもある。使い方などについては、第5章1で紹介する。

# 6 情報を散らかさないマイツールをもつ

## (1) 情報の記録ツール

　第2章で書類整理が苦手な人の特徴として「ちょい書き（メモ）」が多いことを挙げました。日々、自分が見聞きしたことなどを記録する媒体が決まっておらず、適当に手元にある紙（手帳、メモ帳、ノート、便箋、フセン、チラシの裏など）に書いてしまうと、苦労して集めた役立つ情報が探し出せなかったりして、活用できません。情報も活かせなければただのゴミ。その大きな原因の一つは、書いたものが"あちらこちらに分散されている"からです。

　これはパソコン内のデータについても同じことですが、パソコンには検索機能があるので、ファイルタイトルやタグ付けがうまくできていれば紙よりは早く探し出すことができます。またエバーノート（Evernote；インターネットを利用して外部サーバに記録するアプリ）のように集めた大量の情報（ファイル）を集約して管理するようなアプリもあります。パソコン内のデータ整理については第6章で述べますが、ここでは紙ベースでの情報を散らかさない方法について述べます。もちろんファイリング自体が情報を散らかさないためのシクミでもあるので、そのことを意識しながら考えます。

　さて私たちは普段忘れないためにメモや記録をとりますが、皆さんはどんなツール（メモ帳やノートなど）を使用しているでしょうか？　また、それらのツールを使い分けていますか？　「メモ帳やノートを見ればその人の情報感度がわかる」といっても過言ではありません。

　私はいろんな会社で打ち合わせをしたり、セミナーを行ったりします。そのような場で皆さんがどのようなツールを使って記録しているのか興味深く見ています。なかにはパソコンを持ち込む人もいますが、ノートや手帳を使用する人が大半のようです。ノートは罫線入りで

A4、A5、B5といったサイズが多く、自社の業務ノートを使用している
ケースもよく見受けられます。手帳はさらにいろんなサイズやタイプが
あり、打ち合わせではシステム手帳のバイブルサイズを使用している人
などもよく見かけますが、このような人は自分なりの考えにもとづくシ
クミがあるようです。片やポケットサイズの手帳を取り出して、時々チ
ラチラと断片的にメモを書き込む人もいますが、スペース的な限界など
もあり、こちらとしては話した内容が伝わっているのか、ちょっと不安
に思うこともあります。

　ファイリングと連動して記録ツールを考える場合、次の５つをポイン
トとして挙げておきます。皆さんも自分の仕事や使い方などを考えてマ
イツールを決めておきましょう。

## ①情報は一元化して管理する

　記録する際にいろんな紙に書き散らかさず、自分に適した専用のノー
トやメモ帳などに"集約して"書くことを徹底する。

## ②自由に切り離せる

　紙に書いた情報は紙ごと切り離せるのがポイント。そうすれば該当す
る場所（ファイルや分類など）へ移動することができる。時系列から内
容による整理へ。それを考えるとレポート用紙やルーズリーフ、カード
などのほうが綴られたノートよりは適しているといえる。

## ③情報の記録用とアイデア整理用とに分ける

　人によりさまざまではあるが、メモ帳やノートは情報の記録用とアイ
デア整理用といったように、目的で分けて使用するとよい。前者は打ち
合わせなどの記録で時系列中心にストックしていくが、後者は新たなも
のを生み出す創造性を重視して、自由な発想で書けるものがよいだろう。

## ④A4サイズで罫線入り（または方眼）を基準にする

　ノートやレポート用紙の場合はA4サイズが基本で幅９mm程度の罫

線入りが使いやすい。アイデア整理用の場合は方眼や白紙などでもよい。

　なお、自分が書いたメモなどが一目でわかるには、用紙の色も白色ではなく、リーガルパッドのイエローなどもお勧め。

### ⑤筆記用具にもこだわる

　筆記用具は人により好みもあるが、ノートや手帳などとの相性や書き味などを考えて選ぶ。色はブラックやレッドなど。ペンの他にマーカーも重要なことを目立たせるのに必須のアイテム。グリーン、オレンジ、イエロー、ブルー、ピンクなど基本は5色以内で。オレンジは「重要」、イエローは「注意」など意味をもたせておくとよい。

### ■筆者が使うお勧めの筆記用具

　私は右下の写真のようなリーガルパッド（現物は黄色）を、仕事でもプライベートでも使用しています。大と小の2種類で、大きい方（ほぼA4サイズ）は主に業務用の記録や考えを整理するのに使い、小さい方は日々のToDo（するべきことの一覧）を書き出したり携行用のメモ帳として使用しています。ペンはリーガルパッドの色がイエローなので、ブラックではなく「ブラウンブラック」の0.5mmを使用。考えが煮詰まったときなど、リーガルパッドの黄色い紙面に滑りのよいブラウンブラックでつらつら書き始めると、何かしらアイデアがわいてきます。

リーガルパッド

## 7　うっかりミスを防ぐ仕掛けをつくる

　ついうっかり忘れてしまうことは誰にでもあることです。でも、書類整理が苦手な人は特に大切なことをうっかり見落としたり、忘れてしまったりすることが多いようです。程度にもよりますが、そのことが重なって信用を損なったり、「あの人はいつもそうだから……」という不名誉なレッテルが貼られたりしては、自信喪失に陥ってしまいます。

　ライフファイリングでは私たちの日常生活を効率的に、安全・安心そして平穏に過ごすことを目的にしています。そのためには日常生活の"ささいなこと"でも、"ついうっかり"忘れて、大事にならないようにするための仕掛けを普段からつくっておくことが大切です。

　自分の元にある情報には、自分で関心をもって主体的に集めた（あるいは集まった）、将来"夢の種"になるようなお宝もあるでしょう。そのような情報は、チャンスが来たときに活かせるように整理しておきたいものです。

### （1） 自分にあったToDoリストを使う

　うっかりをなくすシンプルな方法は、まず「ToDoリスト」をつくることです。「ToDo」とは「やるべきこと」という意味です。たいがいの人はやるべきことについて、メモや手帳などに書きこんで忘れない努力をしているはずです。人によってはパソコンやスマートフォンなどに入力している人もいることでしょう。方法はいろいろありますが、頭の中の「記憶」から「記録」として１カ所に書き出すことがポイントです。そうすれば頭も覚えることから解放されてスッキリします。

　ここでは私が使っている「ToDoリスト」を例として３種類紹介しましょう。

　次ページの表①はプライベートで今日やるべきことを書き出すリスト

で、家事や買い物といった内容で分けています。朝起きて頭がスッキリしているときに、その日の自分の予定や行動を考えて書き出しています。終われば✓印でチェック。すべて✓印になれば心もスッキリ。終わらなければ翌日のリストに載ることになります。

　次ページの表②はプライベートなことでも、少し日数がかかるようなことや懸案事項を書き出す中長期用のリストです。これが行動に移れば、①のToDoリストに記載されるようになります。

　表③は仕事用のリストです。いつまでに終わらせるか（期限や締め切り）、優先順位なども記入できるようになっています。これは発生日順に記載していますが、仕事内容によっては、クライアントごとに1枚ずつ作成してもよいでしょう。または「優先順位」ごとにまとめてリスト化し、特に優先順位が低い簡単な内容のものは、隙間時間にやるようにしてもよいでしょう。書き出すことは目で見てチェックできるので、いろんな「気づきの効果」があります。

## ①プライベート用の ToDo リスト（当日用）例

| ○月○日（○）　ToDo List (Today) | | | | | |
|---|---|---|---|---|---|
| 項目 | 処理内容 | | | | |
| 家事 | ✓ | 風呂そうじ | ✓ | せんたく | | アイロンがけ |
| | ✓ | 布団干し | ✓ | 冷蔵庫の整理 | | |
| | | | | | | |
| 買い物 | ✓ | コーヒー | ✓ | 砂糖 | ✓ | 卵 |
| | ✓ | 牛乳 | ✓ | 食パン | | |
| | | ペットフード | | トイレットペーパー | | |
| 連絡 | ✓ | 中村（同窓会の件） | ✓ | 見田（蔵元実習の件） | ✓ | 外岡（21 日の件） |
| | | 土谷（24 日の件） | | | | |
| 支払い | | 火災保険 8,300 円 | | ○○会費 10,000 円 | | 町内会費 300 円 |
| | | | | | | |
| その他 | | 母へ書留送る | ✓ | クリーニング引き取り | | 書留を出す |
| | | | | | | |

## ②プライベート用の ToDo リスト（中長期用）例

| ToDo List（中長期） | | | | | |
|---|---|---|---|---|---|

| 日付 | 優先順位 | | | OK | 処理内容 | 備考（期限など） |
|---|---|---|---|---|---|---|
| | A | B | C | | | |
| 1月10日 | ✓ | | | | デジタルカメラの引き取り（○○カメラ） | 1月末メド、連絡あり |
| 〃 | | | ✓ | | 年賀状の整理 | 1月末メド |
| 〃 | | | ✓ | | 住所録のパソコンへの入力 | 1月末メド |
| 1月11日 | | | ✓ | | ネックレスの修理（銀座 ○○へ） | |
| 〃 | | ✓ | | | 大宮さんへ本の返却 | 2月末までに返却 |
| 1月12日 | ✓ | | | | スポーツクラブへの入金（1月16日締め切り） | 2月1日より OK |
| 〃 | | ✓ | | | 中山さんの結婚式（2月14日）祝電 | 2月に入って |
| 1月13日 | ✓ | | | | 水雲会旅行用エアチケット手配（JAL 東京〜福岡） | 2月15日より受付 |
| 〃 | | ✓ | | | 乙女の会、記念写真を参加者に送る | 1月末までに |
| | | | | | | |
| | | | | | | |

## ③仕事用の ToDo リスト例

| 仕事用　ToDo LIST | | | | | | | | | |
|---|---|---|---|---|---|---|---|---|---|

| 日付 | 優先順位 | | | OK | 処理事項 | 確認 | 依頼先 | 依頼日 | 完了期限 |
|---|---|---|---|---|---|---|---|---|---|
| | A | B | C | | | | | | |
| 1月6日 | | ✓ | | | 名刺の作成依頼（100 枚） | ✓ | 総務・大野 | 1/6 | 1/16 |
| 1月10日 | ✓ | | | ✓ | T 社へアンケート調査票の送付（200 部、1/11 送付） | ✓ | 山田 | 1/10 | 1/11 |
| 〃 | ✓ | | | | T 社より、上記アンケート結果の回収（1/30 到着予定） | ✓ | 山田 | 1/10 | 1/30 |
| 〃 | ✓ | | | | 上記アンケートの分析データ入手（2/6 入手予定） | ✓ | 山田 | 1/10 | 2/6 |
| 〃 | ✓ | | | ✓ | 旅費の仮払い | ✓ | 総務・大野 | 1/10 | 1/12 |
| 1月11日 | ✓ | | | | S 社へセミナー教材の送付（30 セット、1/18 送付） | ✓ | 山田 | 1/11 | 1/18 |
| 〃 | ✓ | | | ✓ | S 社担当営業に同行依頼の電話 | ✓ | 営業・小林 | | |
| 〃 | ✓ | | | ✓ | S 社の市原氏へセミナーの件で確認電話 | | | | |
| 〃 | ✓ | | | ✓ | K 社の村田氏へメンテナンスの件で電話 | | | | |
| 1月12日 | ✓ | | | ✓ | T 社宛見積書を作成→営業より先方へ提出 | ✓ | 営業・古村 | 1/12 | 1/17 |
| 〃 | | | ✓ | | プレゼント資料の見直し | | | | 2/10 |
| 1月13日 | ✓ | | | | N 社宛提案書を作成し、持参 | | | | 1/25 |
| | | | | | | | | | |

## （2）手帳やカレンダーでスケジュール管理

　やるべきことをリスト化して整理しても、肝心の日にちや期限を間違えたのでは話になりません。当たり前のことですが、やるべきことは「期限」と連動しています。日にちや期限が必要なものは、手帳やカレンダーのスケジュールに記入しておきましょう。これは予定が入ったらすぐに行い、そして2度確認することを習慣にしましょう。

　お子さんや同居している家族がいる場合は、家族のスケジュールも一緒に把握できる大きめのファミリーカレンダーをキッチンやリビングなど家族の共用スペースに貼り出しておけば、家族のコミュニケーションにも役立ちます。今はエクセルなどの表計算ソフトを利用して、自分のライフスタイルや家族構成にマッチしたカレンダーも簡単に作ることができるので、いろいろと試してみるとよいでしょう。

### ファミリーカレンダーの例

| 日にち | | 全体の予定 | 私 | 太郎 | かおる | その他・実家・ペット |
|---|---|---|---|---|---|---|
| 1月1日 | 月 | 元旦 | | | | |
| 1月2日 | 火 | 家族で初詣 | | | | |
| 1月3日 | 水 | 新年の挨拶（実家） | | | 友人宅へ | |
| 1月4日 | 木 | 可燃ゴミ収集 | 年賀状整理 | 仕事始め | | |
| 1月5日 | 金 | 資源ゴミ収集 | 仕事始め | 新年会 | | |
| 1月6日 | 土 | 宅配受け取り | | | 塾（お弁当） | |
| 1月7日 | 日 | | | | | |
| 1月8日 | 月 | | | | | |
| 1月9日 | 火 | | 母の病院付き添い（9:00〜） | 出張（大阪） | | ・義母病院へ |
| 1月10日 | 水 | | 新年会 | | | |
| 1月11日 | 木 | | | | | |
| 1月12日 | 金 | 粗大ゴミの日 | | ↓ | | ・犬予防注射 |
| 1月13日 | 土 | | 管理組合 | | 塾（お弁当） | |
| 1月14日 | 日 | | | | | |
| 1月15日 | 月 | | かおるの学校面接（3:00〜） | 出張（福岡） | | |

# 8　整理のスタートは会社も家も「机周り」から

　職場であれば職種にもよりますが、たいがいの人は自分の机をもっています。最近は大企業や営業職が多い会社では、固定席を持たないフリーアドレスも増えています。そのような場合は、携帯用のモバイル機器を使いながら「どこでもオフィス化」しており、個人の机の整理などの問題は出てきません。ただ現実には、やはり職場で自分の机をもっている人は圧倒的に多く、その整理に困っている人が多いのも事実です。

　また、自宅でもせっかく机を持っていながら、雑然としている光景を目にすることがあります。机の上はあなたの頭の中を映し出す「鏡」といっても過言ではありません。まずは職場の机の整理方法を学んで、それをそれぞれのライフスタイルや住宅事情に当てはめて取り入れることをお勧めします。

　最近はSOHO（Small Office Home Office）やテレワークなどで自宅で働く人が徐々に増え、また趣味や家の中の事務作業などでも何かとデスクワークが増えているのではないでしょうか。

## (1) 机の上 (デスクトップ) は3分割で使う

　通常片袖机の場合、奥行約72cm×幅100cmといったように限られたスペースです。そのように限られたスペースの中で効率よく仕事をこなしていくには、机の上に仕事に必要なものだけを置くことはもちろん、それらを「どこへ」配置するのかという定位置管理がポイントになります。

　その際決め手となるのが、デスクトップを「自分からの距離」と「使い勝手」を考えて、手前から「作業ゾーン」「常用ゾーン」「仮置きゾーン」といったように3つにゾーン分けをすることです。それぞれのゾーンによって置くものを決めておき、仕事中の「作業ゾーン」はできるだ

け広くとっておきます。そして退社時にはもちろんスッキリとした状態、つまり電話とパソコンだけのような元の状態に戻しておきます。このように決めることで、翌日も気持ちよく仕事のスタートを迎えることができます。

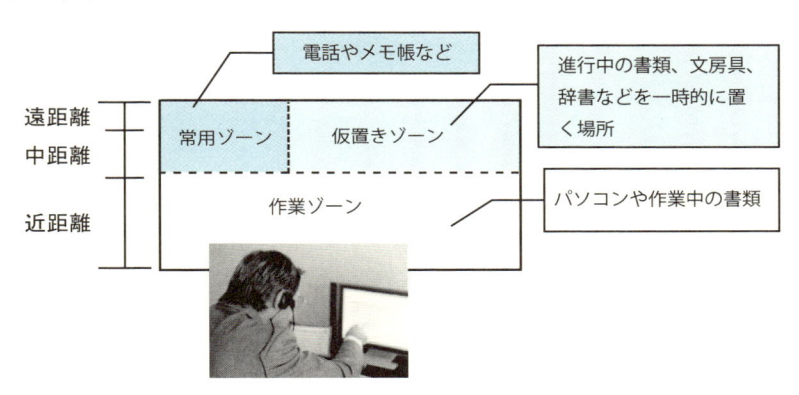

## (2) 机の引出しの使い方を知る

　ワーカーが座ったままで出し入れできる机の引出しは、ワーカーの仕事や動作のことを考えて作られています。ここでは標準的な片袖机を例にとって、それぞれの引出しをどのように使うのか、中に入れる物や使い方などについて写真と表で説明します。

### 引出しの種類

① センター引出し
② 小引出し
③ 中引出し
④ 大引出し

引出しの中　　　　　　　　　引出しの位置

## ■各引出しに入れる物と使い方のポイント

| 引出しの種類 | 入れる物 | 使い方のポイント |
|---|---|---|
| ①センター引出し | ・席を外す際、机の上に置いてある書類や回覧物など<br>・レポート用紙やメモ帳<br>・長い定規（個人持ち文房具） | ・何も入れていない状態がベスト<br>・セキュリティ面も考え、席を外す際は必ず書類など出しっぱなしにしない |
| ②小引出し | ・日常使いの個人の文房具ペン類、ホッチキス、はさみ、付箋、ハンコ、クリップ類など | ・必要以上の文房具は持たない<br>・トレーなどを使って使いやすく仕切って使う |
| ③中引出し | ・個人で買った辞書や参考書の類<br>・名刺など | ・小型のボックスなどを使用して分けるとよい<br>・ペン立てなどは退社時にここにしまう |
| ④大引出し | ・懸案フォルダー<sup>(注1)</sup><br>・個人で収集・作成した個人の業務参考資料<br>・会社や労組などから個人宛てに配付されたもの<br>・私物<sup>(注2)</sup> | ・A4ファイルを立てて入れる<br>・A4横型のボックスファイルなどを使用して、区分けすると使いやすい |

（注1）当日中に処理が終わらなかった書類を翌日まで入れておくフォルダーのこと。

（注2）この場合の「私物」とは、その人が異動したり会社を辞めたりした際に、後任者に引き継がないもの。

## （3）自宅の机は利用目的をハッキリさせる

　（1）（2）で、職場での机周りの整理について述べましたが、自宅の場合は必要としない机があったり、逆に必要だけれど机のないケースがあります。前者の場合、どうするかはご本人の自由ですが、後者の場合、キッチンやリビングのテーブルでは集中できないとなれば、やはり狭くても書斎コーナーがあったほうがよいでしょう。自宅で仕事をしているのであればなおさらです。

　一般的に、自宅で使う机は木製が多いようです。また木製の場合、子供用は別ですが、インテリアなどを考えて引出しがあまりないものを選

ぶケースが多いようです。そのために行き場を失った書類や物があふれてくる傾向にあります。下の写真は自宅の引っ越しを機にファイリングを行った方の机周りと書類のファイリング、そして文房具整理の事例です。自宅勤務の方なので、机の上のボックスには仕事に関するものが入り、棚のボックスには家の中のさまざまな書類が入って、全体的にスッキリ機能的に整理されています。

机周り

書類のファイリング

文房具整理

## （4）秘密基地で、どこでも「デスク化」

　自宅に机や書斎コーナーがない場合は、普段の行動範囲内で落ち着ける「秘密基地」を作るとよいでしょう。代表的なのは図書館やカフェ、喫茶店などです。最近の図書館は場所にもよりますが、非常に設備がよく、なかにはパソコン用のコンセントが設置された閲覧席があるところもあります。集中できるうえにいろんな情報が手元にあり、一挙両得。私の場合は、日比谷図書文化館をよく利用しています。ビジネスパーソン向けのセカンドオフィス的な機能をもつこの図書館には、特別研究室の中に「特別研究席」があり、有料ですが、私の「秘密基地」の一つです。また。自宅近所のコーヒーショップも、気分を変えて本を読んだり原稿をチェックしたりするときに使っています。なお、出張先の空港ラウンジのビジネスブースも、ビジネスマンであればチェックポイントです。

# 第4章

# ライフファイリングの
# シクミを知る

# 1 ファイリングの目的と対象となる書類

　この章ではライフファイリングを具体的に進めていく方法について述べます。まずはファイリングの対象となる書類をはっきりさせることが大切です。家の中にある書類は第1章2の「小野式ライフファイリングの概念図」に示されたように多岐にわたり、また人によって整理したいものやその優先順位、量などが違います。最初に対象とする範囲をちゃんと決めておかないと、不要なものに手を加えたり、ダラダラといつまでたっても終わらないような事態を招くことがあります。

　私がよく受ける質問に「どこから手を付けたらよいのかわからない」というものがあります。確かに目の前の雑多な書類を目にすると、とまどってしまい第一歩がなかなか踏み出せない場合があるのも事実です。そのような場合には、「なぜ書類を整理したいのか？」、それを思い立った動機や目的、困っている点、目指す方向（ゴール）などを具体的に紙に“書き出して”みるとよいでしょう。そうすることによって客観的に問題点を整理して把握することができ、解決の糸口をつかめるからです。整理する目的がはっきりすれば自ずとその対象は明確になり、手をつける優先順位や力の強弱も決まってきます。

　以前、英語教師をしているアメリカ人の女性から相談を受け、ファイリングを手伝ったことがあります。彼女にとっての優先事項は日常生活に直結する住所録や電話番号、子供関係の書類や取扱説明書の整理でした。日本語が苦手なのでついつい後回しになっていたようです。

　次ページは私がファイリングの個人指導を行う際に事前にヒアリングを行う項目です。後でファイリングをやってよかったと言えるようにするためには、漫然と整理するのではなく、このような問題や原因を意識しながら取り組むようにします。

# ファイリング前のヒアリングシート

1. あなたはなぜ、ファイリングに取り組んでみたいのでしょうか？
   ＊その目的や理由、思い立ったきっかけなどを書いてください。

| 目的 | |
|---|---|

2. 書類の整理やファイリングでどんなことに困っていますか？
   ＊思いつくままに箇条書きなどで書いてください。

| 問題点 | |
|---|---|

3. 最終的に、どのような状態（ゴール）にしたいですか？
   ＊あなたが考える整理後のイメージを書いてください。

| ゴール | |
|---|---|

4. 対象となる書類はどんな書類でしょうか？
   ＊具体的に書いてください。

| 対象 | |
|---|---|

5. 上記4の書類はどこにあるのでしょうか？

| 場所 | |
|---|---|

6. 上記4の書類は主にどんなファイルを使用しているのでしょうか？

| 現状 | |
|---|---|

7. 今回対象と考える書類はどのくらいの量（㎝）がありますか？

| 量 | ＊計測方法：現在のファイルなどに入ったままの状態で、メジャーなどでその幅（積み重ねている場合は、その高さ）を測る。　　　　　　　　　　　　　　　概ね　　　㎝ |
|---|---|

8. 今回の整理は、あなた一人でやりますか？

| 誰が | |
|---|---|

9. いつからスタートして、いつごろまでに終わらせたいですか？

| いつから | |
|---|---|

## 2　書類は「個別フォルダー」に入れる

　書類を整理する際のザックリしたポイントは次の3つです。①書類を立てる、②使用するファイルのカタチを統一する、③ファイルには必ずタイトルを記載する。

　この条件をクリアするだけであれば、さまざまなファイルがありますが、なぜ「個別フォルダー」にこだわるのか、その理由について述べます。

　個別フォルダーは第1章4で説明したように、中に書類をはさんで整理する見出しがついた2つ折りの厚紙で、A4サイズの場合の寸法は幅311mm×高さ240mm（見出しの端までの高さは255mm）です。

　その一番の特徴は、書類に穴を開けないでそのまま出し入れができること。ですからいちいち書類に穴を開けたり綴りこんだりといった手間がかからず、いらなくなったら捨てやすいという大きな利便性があります。また、ファイルスペースもほぼ書類の実際の厚さのみで、バインダーに比べてスペースの節約ができます。フォルダーのメリットについては、「バインダー」と比較してみるとわかりやすいので、表にまとめてみました。

### フォルダーとバインダーの比較

| 項目 | フォルダー | バインダー |
|---|---|---|
| ファイルのしやすさ | ○ | × |
| いらない書類の捨てやすさ | ○ | × |
| スペース効率の良さ | ○ | × |
| 流れのつくりやすさ | ○ | × |
| 見出し表示の大きさ | × | ○ |
| 色分類のしやすさ | ○ | △ |
| 1冊あたりの収納量 | × | ○ |
| 書類の探しやすさ | ○ | △ |
| 持ち出しやすさ | ○ | × |
| 価格（1cm当たり） | 40〜80円 | 150〜200円 |

探しやすさ使いやすさの点はもちろんですが、とくに日本の住宅事情を考えてみると、スペース効率の良さは見逃せません。

## (1) 個別フォルダーとカットフォルダーを間違えない

文房具店やネット通販で「フォルダー」を探してみると、いろんな種類があって迷うことがあります。実はフォルダーを大別すると「個別フォルダー」と「カットフォルダー」があります。そして後者のカットフォルダーには、フォルダーの山の位置が各サイズの幅から両端10mmずつを除き、3等分（1/3カット）、4等分（1/4カット）などに分けているものがあり、文房具店などではむしろこちらのフォルダーをよく目にします。

確かにカットフォルダーもフォルダーには変わりはなく便利な面もあるのですが、見出しに書かれたファイルタイトルは写真のように横並びに一列になるので、ちょっと見づらく感じる面が否めません。また分類体系を把握するには馴染みにくいと思われます。

今回のファイリングで使用するのは見出しガイドを併用する個別フォルダーですので、用品を購入する際には間違わないようにしましょう。通常、個別フォルダーはメーカーの商品番号の中に「A4 - IF」が表示されています（73ページに写真）。

カットフォルダーを
使った整理

## （2）個別フォルダーの使い方〜正しく使いましょう！〜

① フォルダーは開いて見出しが右下になるように使う。右半分に書類を置き、左はフタと考える。

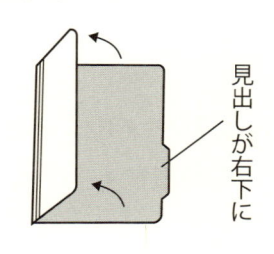

② 書類の厚みに応じてフォルダーの底の折り目を調節する。一度に折りすぎないこと。

③ 大きいサイズの書類を収容する場合は２つ折にする。折る際は記載面を外側にする。

折り目は必要に応じて軽く曲げる。強く折らない

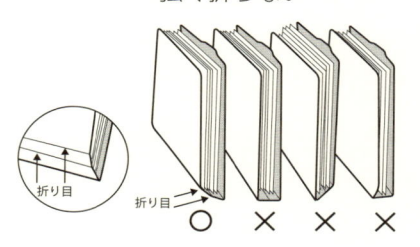

④ 書類は新しいものが上になるように、発生順に上に重ねてファイルする。必要に応じてインデックスなど使用するとよい。

⑤ 書類は原則として綴じない。まとめる際はゼムクリップではなくホッチキスやダブルクリップなどがよい。

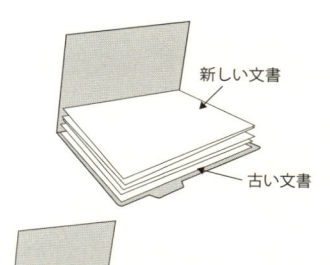

⑥ 専用のファスナー（綴じ金具）を使う際は、ファスナーのツメは外側に曲げる。

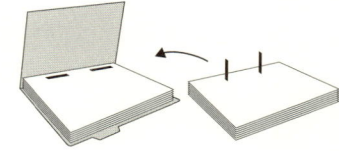

⑦ 薄い紙や小さな書類などは、透明のクリアーホルダーなどを使ってファイルすれば破損や紛失などを防げる。

⑧ １フォルダー内の書類の量は100枚を上限とする。目安は20〜80枚くらい。上限を超える場合は、フォルダーを分冊し、新しいフォルダーを作る。

# 3 使用するファイリング・グッズ（用品）

ファイリングで使用するファイル用品について基本的なものを紹介します。最近はネット通販や100円ショップなどで、いろんなメーカーの用品が比較的安く手軽に入手できるようになりました。最初は若干の出費になりますが、一度カタチを作り上げてしまえば継続的に使用するので長持ちします。ここは「システムづくりの投資」と考えて、手間を惜しまず最適なものを選びましょう。

個別フォルダー

## （1）基本グッズ
### ①個別フォルダー

書類を立てて整理するのに使用する。使い方などについては前項を参照のこと。JISで見出しガイドとともに規格が定まっている。

「A4‐IF」の表示がある

### ②見出しガイド

フォルダーを探しやすくするための見出し（分類表示）として使う。見出し部分はプラスティックなどのタブが付いており、中にタイトルを書いた見出し紙を入れる。横にスライドさせて大分類や中分類などの位置に移動できる（位置が固定されたものもある）。

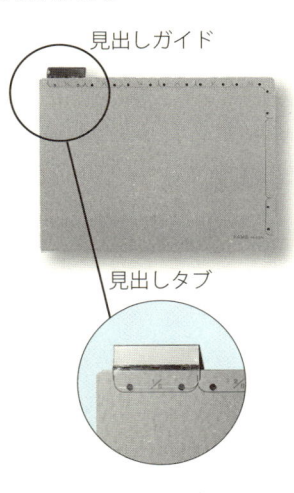

見出しガイド

見出しタブ

### ③フォルダーラベル

フォルダーの見出し山に貼るラベル。色の種類はメーカーによって違う。5色程度でそろえておくとよい。手書き用とプリンター用（A4）の2種類ある。

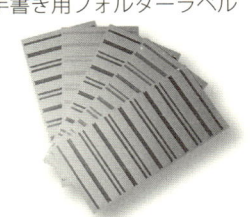

手書き用フォルダーラベル

### ④ガイドカラー見出し

　見出しガイドの見出し部分に入れる色ラベル。フォルダーラベルと同じ色。

ガイドカラー見出し

### ⑤ボックスファイル

　フォルダーを収納して棚に並べて使用するボックス状のファイル。各メーカーでいろんなものが出ている。A4サイズ横型で背幅10cmのものがよい。プラスティック製は静電気でほこりなどが付きやすいので、紙製のほうがお勧め。

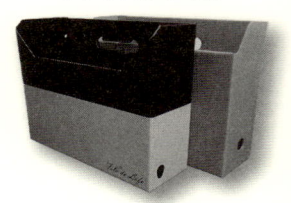

ボックスファイル

### ⑥カードポケット

　名刺サイズのビニール製のポケット。ボックスファイルの前面に見出しを表示するのに使用すると便利。

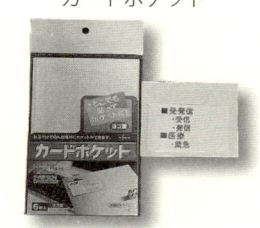

カードポケット

## （2）その他のお勧めフォルダー

### ①懸案フォルダー

　「持ち出しフォルダー」や「マチ付きフォルダー」とも呼ぶ。横にマチが付いたフォルダーで、オフィスでは、やりかけの書類を入れておく「懸案フォルダー」などとして使用する。マチの幅が18mmあるので、かさばるものを入れるのに便利。「年賀状」など輪ゴムで留めれば3列に入る。

懸案フォルダー

### ②カラーフォルダー

　個別フォルダーと同じ仕様でピンク・イエロー・グリーン・オレンジ・ブルーなどがある。大人用・子供用などと使い分けてもよい。

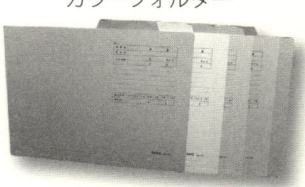

カラーフォルダー

### ③カットフォルダー（2等分：1/2カット）

カットフォルダー

　横幅の半分が見出しになっているカットフォルダー。長文タイトルを書いたり目立つように大きく表示したりすることができる。見出しは右山と左山があるが、右山のフォルダーであれば、見出しガイドを使って個別フォルダーと同じように整理できる。

## （3）ホームファイリングに必要な用品（ライフファイリングのスターターグッズ）

　下記は参考の数量です。

| 使用するグッズ | 必須アイテム | できればあったほうがよい | 数量の目安 |
|---|---|---|---|
| ①個別フォルダー | ○ | | スタートは 30 冊くらいから |
| ②見出しガイド | | ○ | 5 〜 10 冊程度 |
| ③フォルダーラベル | ○ | | フォルダー数に対応する数量 |
| ④ガイドカラー見出し | | ○ | ガイドに対応する数量 |
| ⑤ボックスファイル | ○引出しの場合は不要 | | 1 ボックスに 10 冊前後のフォルダーを入れるので、30 冊の場合は余裕をみて 3 〜 5 冊程度 |
| ⑥カードポケット | | ○ | 必要な数量 |
| ⑦懸案フォルダー | | ○ | 必要な数量 |

### グッズ購入などの参考サイト

・イトーキオンラインショップ　https://shop.itoki.jp/personal/
　このサイトから商品検索で「個別フォルダー」と検索すれば対象ページにいけます。

・筆者のホームページ　http://www.filing1.com/shop.html

## 4　フォルダーと見出しガイドで情報を「見える化」させる

　フォルダーを使ったファイリングシステムでは、フォルダーの見出し山と見出しガイド（以下、ガイド）を利用して、検索を効率的に行えます。

　フォルダーには、文書のタイトルを記入する見出し山がついています。ガイドは、たくさんのフォルダーを検索しやすいようにグループ分けするために使用します。ガイド見出しとフォルダーの見出し山は、分類が一目でわかるように区分ごとに専用のラベルで色分けをします。これにより、スピーディな検索が実現します。

### （1）1/6カットの見出し構成

　書類を検索するときは、〈大分類タイトル→中分類タイトル→小分類タイトル→フォルダータイトル〉と順にたどって目的の書類を探していきます。その目安となる各ガイドを、見やすく区分・構成したのが「1/6カットシステム」です。「1/6」の理由は、ガイドの両端10mmずつを除き、6等分されているからです。一番左の1列目には大分類タイトルの第1ガイド、2列目には中分類タイトルの第2ガイド、3列目には小分類タイトルの第3ガイド、そして4〜5列目にフォルダーの見出し山が並びます。最後の6列目はフリースペースで「貸出しカード」や「使用中」を表すカードなどを差し込む場所として利用します。

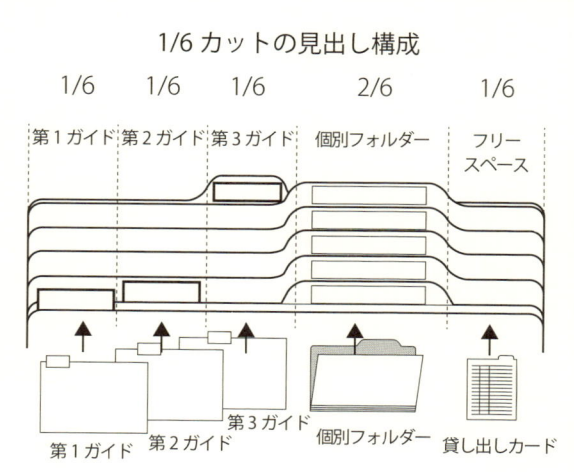

1/6カットの見出し構成

| 1/6 | 1/6 | 1/6 | 2/6 | 1/6 |
|---|---|---|---|---|
| 第1ガイド | 第2ガイド | 第3ガイド | 個別フォルダー | フリースペース |

第1ガイド　第2ガイド　第3ガイド　個別フォルダー　貸し出しカード

## （2）ラベルの色の付け方

　フォルダーは色ラベルを貼って内容ごとに色分けするとよいでしょう。見やすくきれいになり、誤ってフォルダーを別の分類に入れても色の違いでミスに気づきます。ラベルの色は5色程度がよいでしょう。私の場合は「赤、黄、緑、オレンジ、青」の5色を使っています。色もこの順番であれば、前後の色と引き立て合います。

### 〈色の付け方のルール〉

①同じ分類グループにあるフォルダーは、全て同色のラベルを貼る。

②分類グループが変わると、前出の順番でラベルの色が変わる。

③フォルダーの分類に対応するガイド見出しも、原則、フォルダーと
　同じラベル色にする。

ラベルの色の順番例

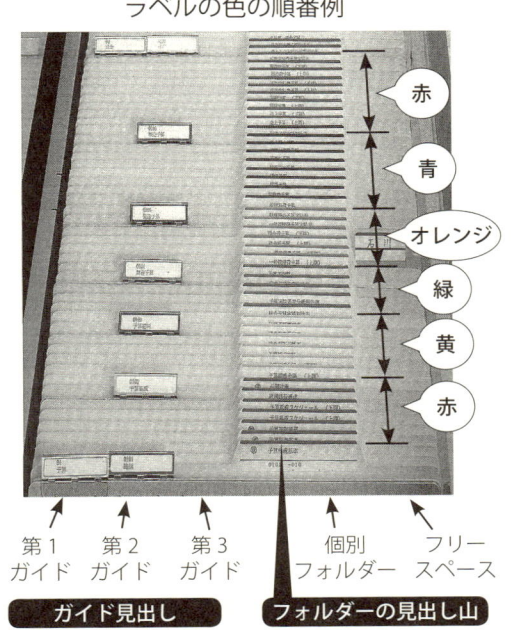

## 5　使いやすいフォルダーのまとめ方と分類・配列

　書類を整理するためにいくらフォルダーやガイドを使用しても、肝心の「フォルダーの作り方」や「分類・配列」に対する基本的な構造や目的がわかっていないと、十分な効果は実感できません。少し細かい話ですが、ここで紹介するファイリングは職場でも使えるシクミですので、仕事で使う書類などを思い浮かべるとよいかもしれません。

　書類は雑多なバラバラの状態では分類はできません。書類を分類するには内容が似ているもの（関係の深いもの）、一緒に使うもの同士をまとめ、似ていないもの（関係の浅いもの）と区別することが必要です。そのために、最初に書類を「分類の最小単位」であるフォルダーにまとめるのです。

### (1) フォルダーのまとめ方の「3原則」とは

原則1：使いやすいフォルダーであること

原則2：探しやすいフォルダーであること

原則3：どちらに入れるか迷わないフォルダーであること

### (2) フォルダーのまとめ方のポイント（3原則を守るために）

① 関連性があるもの、一緒に使うものは1冊にまとめる。

② 収納枚数にこだわったフォルダーにする。

- 標準収納枚数＝20〜80枚……100枚を上限とする。
- 100枚を超えた場合は、年度や期間、内容などによって分ける。

③ 検索性にこだわったフォルダーにする。

　　ファイルタイトルの付け方や表示方法などがポイントになる。詳細は79〜80ページを参照のこと。

④ 保存年限や取扱いが違うものは別フォルダーにする。

オフィスでは、毎年定例的に発生する文書（年度別文書）は、その発生年度ごとにフォルダーを作成し、年度に関係なく不定期に発生して継続的に利用するような文書（資料扱い文書）は、その内容やテーマなどによってフォルダーを作成するのが原則です。こうすることで、年度別のものは、年度の経過による利用度の低下に応じて廃棄するまでの流れをつくることができます。また資料扱いについても、その内容に合った取扱い基準を設ければ廃棄までの流れができます。

さて、自宅にある各種の書類についてですが、「年度別文書」と「資料扱い文書」の考え方を取り入れると廃棄基準が設定しやすくなります。下記の例をご覧ください。ただ、自宅の「年度別文書」で量（枚数）が少ない場合は、1冊のフォルダーに複数の年数分を一緒に入れてもかまいません。その場合、フォルダーの中でクリアーホルダーやインデックスなどを使って年度区分を行うとよいでしょう。

●年度別文書の例：年金・保険、公共料金の領収書、子供の学校関係のものなど

●資料扱い文書の例：趣味や教養・娯楽、医療や健康、住宅関係、思い出に関するものなど

## (3) ファイルタイトルの付け方のポイント

① 誰でもがタイトルからフォルダーの中身がわかるように、具体的で、客観的なタイトルにする。そのためにも次ページの表のような言葉はできるだけ使用しない。ただし、自宅の場合は書類枚数が少ないものもあるので「〜関係」といった言葉は出てきてもやむなし。職場の場合は厳禁としたい。

**使用しない用語**

| 用語 | 使わない理由 |
|---|---|
| ①「文書、書類」 | 文書や書類が入っているのは明白 |
| ②「雑件、諸件、etc」 | 何が入っているのかわからない |
| ③「関係」 | 関係があるからまとめているので、蛇足な用語 |
| ④「綴り」 | 綴ってあるなしで検索方法は変わらない |
| ⑤「その１、その２」 | 「その１」と「その２」の区別がわからない No.1、No.2 も同様 |
| ⑥「その他」 | 何に対して「その他」なのかわからない |

②　タイトルの表示ルールを決める。特に仕事に関するものであれば年度別の文書は先頭に年度を表示し、相手先などの固有名詞と文書の種類や内容などをキチンと表示する。また、複数のフォルダーに共通する用語などがあれば、共通用語を【　】で囲んでタイトルの先頭に表示すると見やすくなる。

（例）「【取扱説明書】家電製品」「【取扱説明書】AV機器」

## （4）分類・配列について

　ファイリングにおいて、分類は、フォルダーを検索しやすく配列するための必須要件です。とくにオフィスのファイリングでは、文書の種類や内容、量、使い方、重要度といった要素をしっかり考えて、ファイルのまとめ方や分類・配列（並べ方）を決めていきます。客観的で仕事の流れにマッチした秩序だった分類や配列が求められるのです。

　一方、家の中の書類は雑多なものが多いのですが、さほど難しく考える必要はありません。どちらかといえば、分類は「頭」で考えるというより「体と手」を動かして実践の中で作っていくというイメージです。自宅の書類の分類・配列などについては第４章８「進め方の手順」で述べることにします。ただ第３章３「(4) 並べ替える」のところは「配列」

に関係するので再度読み返していただければと思います。

　なお、下記の図は分類の階層のイメージです。このように木の枝が分かれるような「ツリー構造」になっています。A 〜 Cの3つの基本パターンを示していますが、標準は「Bパターン」です。自宅の場合は「Aパターン」だけ（いわゆる大分類だけ）のケースも多々見受けられます。「Cパターン」は書類の量がかなり多いケースの分類です。実際にはこれらのパターンが混在することでしょう。

**分類階層のイメージ**

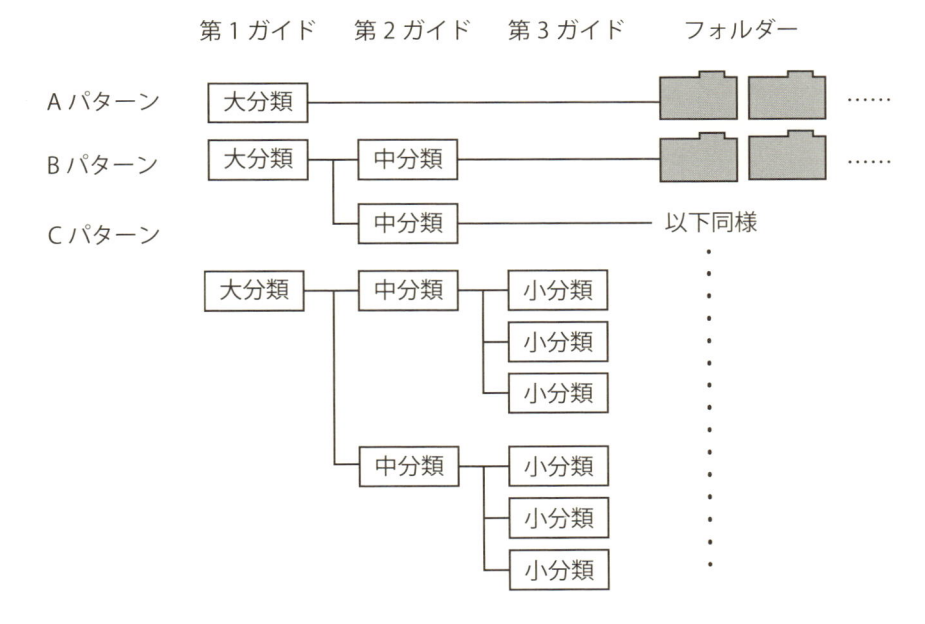

## 6 自宅でのファイリングの収納について

### （1）実はあまり選択肢はない

　ファイリングに取りかかる前に、さてどこに収納しようか？　と考える人は多いはずです。

　日本のオフィスの場合、収納家具はほとんど同じようなスチール製を使っています。基本的には引出し式か棚式かの2種類で、奥行や高さ、幅なども若干の違いはあれ同じような感じ。しかも色はグレー系が一般的です。最近はクリエイティブな雰囲気やカフェのような癒される雰囲気のオフィスもワークスタイルの変化に伴って現れてきて、オフィスの様子も少し変わってきています。フォルダーを使うファイリングでは、棚式よりも引出し式のほうが出し入れがしやすく一覧性があるので、可能な限り引出し式をお勧めしています。

　片や私たちの自宅は、オフィスと違って収納する家具は千差万別です。そして千差万別だからこそ、収納に悩むともいえます。でも見方を変えれば、私たちの自宅には一部の棚などを除けば、スチール製の家具は見当たりません。また「引出し」か「棚」かについても、A4サイズが入るのは、机の引出しくらいで、後は底の浅いタンスの引出しのようなものが多いのではないでしょうか。つまりほとんどの収納家具が何らかの「棚」なのです。そうなると、自宅でのファイリングはボックスファイルを使って収納する方法が適しているというか、それ以外はあまり選択肢がないのです。

### （2）ほとんどの家ではボックスファイルで棚に収納する

　話は簡単、家の中で収納に適した棚（場所）を探しましょう。それはリビングの棚か、書斎の書棚か、階段の下の収納スペースか、それぞれの家で異なるでしょう。なお、どうしても収納場所がない場合は収納量

にもよりますが、ある程度まとめて収納できるカラーボックスのような棚を購入することを検討しましょう（85ページ上段の写真）。または思い切って使いやすさを優先して、2段の引出し式のファイリングキャビネットをホームファイリング用として購入してもよいかもしれません（次ページの写真）。

　なお、基本となるボックスファイルは、A4横型の場合、サイズは概ね、背幅102mm×奥行317mm×高さ260mmが目安です。100円ショップなどで販売されているボックスには、ほんの数ｍｍの差でフォルダーがうまく収納されない場合があるので注意しましょう。

## （3）ボックスファイルに収納するときのポイント

① ボックスの前後を間違えないこと。
② ボックスの中に入れるフォルダー数は10冊前後が目安。
　　1つのボックスに複数のフォルダーグループが一緒に入ってもよい。
　　また1つのフォルダーグループが2つのボックスに分かれてもよい。
③ ボックスにはフォルダーとガイドを入れるが、ガイドはフォルダーグループの前に入れる。
④ 今後、書類やフォルダーが増えることを想定して、ボックスの中には余裕を設けておく。
⑤ ボックスの前面には、必ず中身の内容を表示する。表示方法は2通りある。1つはオフィスなどで使用するときのように、分類名（ガイド名）とファイルタイトル名をすべて表示する方法。もう1つは分類名のみを表示する方法。自宅の場合は後者でよい。
⑥ ボックスを棚に並べる場合は、左から右方向に並べる。

ボックスへの収納例

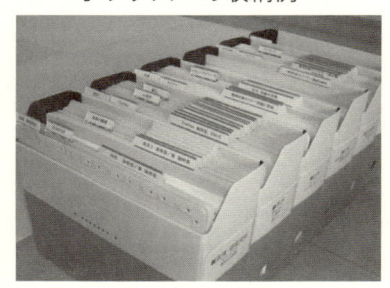

ファイリングキャビネット

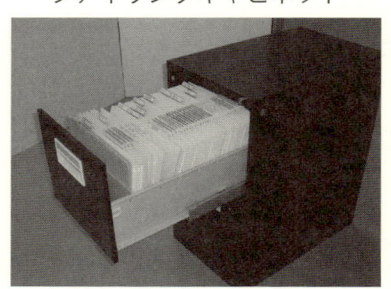

## 収納場所はさまざま

机の引出し

玄関脇の棚

仕事部屋

リビング

階段の下の小部屋

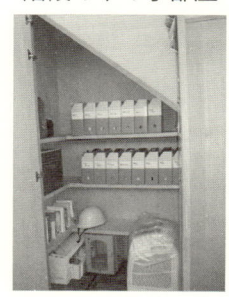

ユーティリティルーム 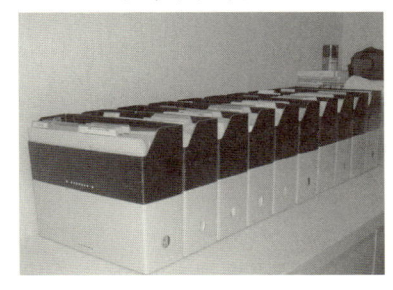 家具の上やカラーボックス

## 収納場所がなければ片づけて捻出

　下の写真は書類や物などが一杯入った棚を片づけた際の工程ですが、収納する場所がないので、中のものを一度全部外に出して、収納効率を高めるべく棚板の調整を行いました。DIY（日曜大工）が得意なご主人の登場！　自宅では家族共同作業がいいですね。

実施前　　　　　　　　　棚板の調整

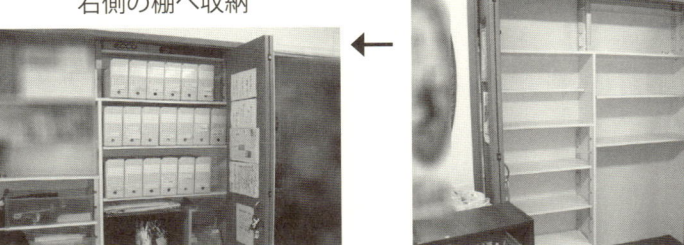

→

書類を入れたボックスは
右側の棚へ収納

↓ 調整終了。段数が増えた

←

# 7 「ファイル分類表」の作成

「ファイル分類表」については、第1章5で簡単に述べていますが、実際にファイリングができ上がった状態をリスト化した表のことです。

これを作成するタイミングは、通常、オフィスの場合はフォルダーのカタチに切り替えていく前に、文書の種類や内容、ファイルの作り方や分類・配列をあらかじめ考えたうえで作成します。そうしないと、書類の入れ忘れ、ファイルの作り忘れ・紛失、書類が見つからないなど、混乱しがちだからです。

一方、自宅の書類は、それほど神経質になる必要はありません。どちらかといえば、フォルダーへの切り替えが終わってカタチができ上がってから分類表を作成します。もちろん、分類表の作成とファイル分類を同時並行で行ってもかまいません。

## (1) ファイル分類表の記入方法

実際にでき上がった状態を見ながら、1行1ファイルで分類表の所定の欄に内容を書き込みます。表は左から「第1ガイド（大分類）」「第2ガイド（中分類）」「第3ガイド（小分類）」欄と並び、ここにはガイドのタイトルを書き入れます。ラベルの色はガイドの後ろに（　）書きで書いておくと便利です。次に「ファイルタイトル」欄はフォルダーの見出し山のタイトルを書きます。「形状」欄はどのようなファイルを使用しているのか、その種類を書きます。

（例）フォルダーの場合は「F」、バインダーの場合は「B」、その他のファイルの場合は「O<ruby>オー<rt></rt></ruby>」など。

「備考」欄ですが、とくに重要なものや別の場所に保管しているような場合、その他特記事項などがある場合に書きこんでおくとよいでしょう。ファイル分類表はもちろん手書きでもかまいませんが、表計算ソフ

トなどで作成しておくと、後で表を加工したり、ラベルを打ち出したりするときなどに便利です。

## ファイル分類表と実物の対応

重要なものなど、特記事項があれば書く

使用するファイルの種類などを書く

| 第1ガイド（大分類） | 第2ガイド（中分類） | 第3ガイド（小分類） | ファイルタイトル | 形状 | 備考 |
| --- | --- | --- | --- | --- | --- |
| 受発信 | 受信（赤） | | 子どもの学校からのお知らせ | F | |
| | | | 金融機関からのお知らせ・連絡 | F | |
| | | | 勤務先からの連絡 | F | |
| | | | 知人からの手紙・ハガキ | F | |
| | 発信（黄） | | 切手・ハガキのストック | F | |
| | | | 封筒・便箋 | F | |
| | | | メッセージカード・ポチ袋 | F | |
| | | | 宅配便の送り状（未使用のもの） | F | |
| 医療 | 緊急医療（緑） | | 時間外受診先（病院） | F | |
| | | | 応急手当方法 | F | |
| | かかりつけ・健診（オレンジ） | | かかりつけ・お薬手帳 | F | 重要 |
| | | | 医療費の領収書 | F | 重要 |
| | | | 健康診断結果 | F | |

## ファイル分類表の様式

| 第1ガイド（大分類） | 第2ガイド（中分類） | 第3ガイド（小分類） | ファイルタイトル | 形状 | 備考 |
| --- | --- | --- | --- | --- | --- |
| | | | | | |
| | | | | | |
| | | | | | |
| | | | | | |
| | | | | | |
| | | | | | |
| | | | | | |

# 8 進め方の手順

　さあ、それではいよいよ実際のファイリングに取りかかりましょう。効率よく進めていくためには、それなりの準備と手順があります。第4章1で述べたようにファイリングの目的と対象となる書類について理解したうえで、下記の手順で進めてみましょう。スタートするタイミングは仕事や生活に余裕のある時期が望ましいのですが、緊急度が高い場合は対象を絞って優先的に取り組みましょう。いずれにしてもダラダラ進めると途中でとん挫することがあるので、量にもよりますがまずは1カ月を目安に進めてみましょう。なお、私がお勧めする自宅でのやり方は、どんどんフォルダーに書類を入れてカタチ作りを優先する「切り替え先行型」です。このやり方の良いところは、段階を追って進められ、進めながら徐々に片付いていくところです。

## (1) 事前準備について

### ①使用するファイル用品の準備

　基本グッズについては第4章3を参照してください。最優先で準備するものは次の3点です。

　・個別フォルダー　　・見出しガイド　　・ボックスファイル

　各種のラベル類はファイリングの結果を確認した後でもかまいません。

### 〈準備する数量の目安〉

　これは難しいところです。基本になるのは個別フォルダーの数で、「フォルダーで整理する対象の量」をみて判断します。少し多めに準備するとよいでしょう。ネット通販でクラフト紙などのフォルダーを選べばかなりコストダウンできます。見出しガイドは分類の数にもよりますが、通常、フォルダー5～10冊で1枚が使用する目安です。ボックスファイルは、1つのボックスファイルには10冊前後のフォルダーを入れる

ので、フォルダー数が決まれば数量がわかります。注意することは2点、今後の増加量を考えておくことと、ボックスの中にフォルダー以外のものが入る場合にそのスペースも考えておくことです。

### ☆ワンポイント

オフィス同様に自宅でも、フォルダーで整理するには馴染みにくい書類もあります。そのような場合は、フォルダーにこだわらず、適したファイル用品に収納するとよいでしょう。ファイルの形態が違っていてもファイリングして整理する考え方に変わりはありません。
（例）アルバム、住宅購入時に引き渡された一連の書類など

### ②文房具類の準備

鉛筆、消しゴム、フセン（75mm正方形など大きいもの）、黒いマジック、はさみ、テープ、ホッチキスなどを準備します。

### ③ゴミ袋、雑巾などの掃除道具の準備

整理を始めると廃棄するものやゴミが出てきます。また、量が多い場合は仕分けや仮置き用にダンボール箱などがあると便利です。

## (2) レッツ・ファイリング

ファイリングの進め方については、各STEPごとに述べていきます。

## STEP1　対象とする書類を大まかに「内容の塊」で分ける

今回ファイリングの対象とする書類を、その内容ごとに塊として1カ所に集める。分散しているものも集約する。この「内容の塊」が「大分類」のイメージになる。それぞれの塊に内容を表す言葉をフセンなどに大きく書いて貼り、まとまりにくい場合はボックスやダンボールな

こんな感じで塊をつくる

どに入れておく。

（例）金銭や財産に関するもの、住宅に関するもの、家族に関するもの、趣味に関するもの、仕事関係など。

☆ワンポイント

　一カ所に集めた書類などで、あきらかに不要なものや古いものは別に分けておくとよい。今後「廃棄」や「別場所で保存」となる。

## STEP2　フォルダー化（フォルダーに書類を入れる）

　対象となる書類の塊ごとに優先順位を決める。

　関連する書類を１冊のフォルダーに入れて（まとめて）いく。これを「フォルダー化」と呼ぶ。これが分類の最小単位になる。その際にフォルダーのまとめ方（第４章５）や書類の入れ方（72ページ）に気を付ける。フォルダーの見出し山には、「鉛筆」でタイトルを下書きする。色ラベルを貼るのは最後。

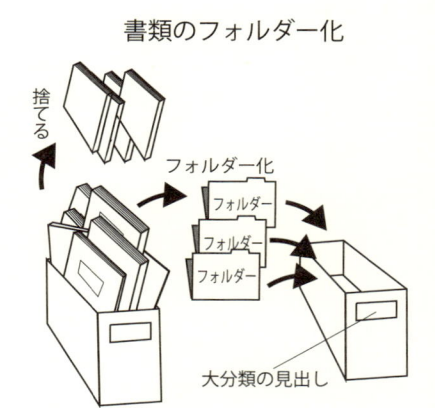

書類のフォルダー化

☆ワンポイント

　書類をフォルダーに入れていく際、廃棄できるものは捨てるが、判断できない場合は「フォルダーに入れていく」ことを優先する。後で捨てるものを抜き取ればよい。

## STEP3　フォルダーはボックスファイルに入れる（グループ化）

　書類が入ったフォルダーは、ボックスファイルにどんどん入れていく。この過程でフォルダーは大分類レベルでグループ化される。ボックスの前面には、その内容の見出し（大分類相当）をフセンで大きく表示しておく。

☆ワンポイント

　机などの引出しに収納する場合は、ボックスファイルを使用しない
で、そのまま引出しの中にフォルダーやガイドを手前から奥方向に向け
て立てて入れていく（84ページ中段写真参照）。

### STEP4　フォルダーの並べ方をチェックし、ガイドを立てる（分類）

　1つの塊のフォルダー化が終わったら、フォルダーのタイトルを見
て、グループ内でフォルダーを並べる順番を決める（年度や日付順、関
連性や重要度などを基準に）。

　また分厚いフォルダーがあれば、分冊を行う。その後でガイドを作成
して立てる。まず「第1ガイド（大分類）」に分類のタイトルを記入する。
フォルダー数は10冊前後（10±5冊）で1グループになるようにグルー
プ分けを考える。大分類で15冊以上あるような場合は中分類で細分化
することなどを考えるとよい。あまり細かく分けすぎないこと。なお、
この段階ではまだ仮の分類なので、ガイドの見出しも鉛筆で下書き。ガ
イドを購入すれば下書き用の白い紙が入っているので、それを使うとよ
い。以上のようなやり方で、対象とする書類の塊を1つずつフォルダー
化し、ボックスにまとめる。

### STEP5　ボックスの並べ方を考える（配列の検討）

　できあがったボックスは内容ごと
に分類された状態ですが、まだ最終
的な「配列」は決まっていません。
どのように並べるかについては、左
から右に向かって並べることを前提
に、実際のボックスを動かしながら
決めていきます。一番優先すべき分

**STEP2 ～ 4 を行った状態**

左から右に並べる

類のボックスを左先頭に置き、客観的な関連性、重要度や利用度などを考慮してボックスの順番の入れ替えを行います。このように現場で目で確認しながら分類・配列を決めていくので、さほど難しいものではないでしょう。

ボックスを適宜入れ替える

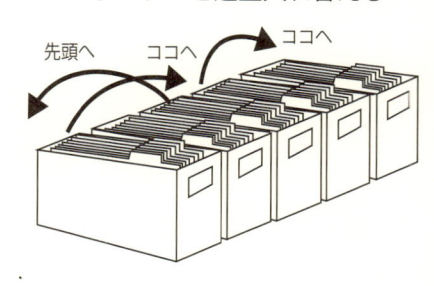

先頭へ　　ココへ　　ココへ

### STEP6　「ファイル分類表」を作成する

　実際のカタチができ上がったところで、第４章7で紹介した「ファイル分類表」を作成する。フォルダーやガイドのタイトルを先頭のボックスから全部、順次書き出していく。なお、ファイル分類表ができ上がった状態で、ラベルの色も表に書き込んでいくと、ラベルの色の貼り間違いを防げる。色の順番については第４章4を参照のこと。プリンターでラベルを印字すると、見栄え良く、効率よく作業が進む。

### STEP7　仕上げ作業と収納

　仕上作業としては、フォルダーやガイドに色ラベルを貼って、ボックスの前面にも中身がわかるように見出しを表示する。完成したら決めた場所に左から右方向に並べて収納する。

#### ■フォルダーラベルの貼り方

　フォルダーラベルは、いきなり台紙から剥がしてフォルダーに貼ろうとするとうまくいきません。折り返して貼るタイプのラベルは、見出し山の頂点になる部分を先に

ラベルに書き込んだタイトル

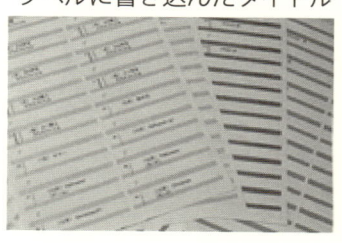

見出し山の頂点で折り返す

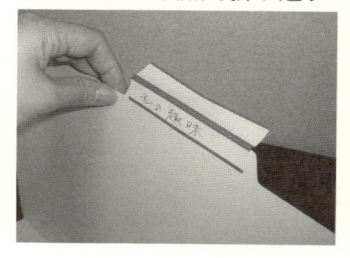

折って、まず片方の面だけを貼り、それから空気を入れないように裏側の面も貼ります。ラベルは鉛筆ではなく、ボールペンなどで消えないようにはっきり書きます。

### ☆ボックスファイルの見出し表示

　ボックスファイル前面の見出しは、ボックスファイルのデザインなどによってさまざまな表示方法があります。ここでは74ページで紹介したカードポケットに名刺サイズの紙を入れて、ボックス内の分類名を表示しています。大分類を大きめに、中分類は少し先頭をずらして表示しています。

見出しを表示したボックス

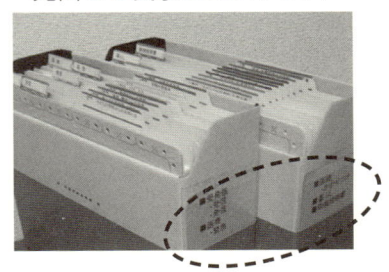

フォルダータイトルを書いて、貼っているところ

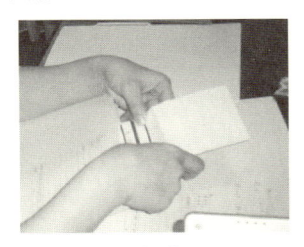

ボックスの見出しを差し替え中　　　　　　　完成

## （3）チェックリストで終了の確認

　一連のファイリング作業が終わったら、下記のチェックリストで確認して区切りをつけましょう。ファイリング前の悩みや問題点などが解決・改善されたか、どんな効果や気づきがあったかなどを書き出してみるとよいでしょう。大切なことは、ファイリングが習慣として定着し、継続するような自分なりのメンテナンス方法を考えてみることです。

### 終了確認チェックリスト

各項目がクリアされたかチェックボックスで確認しましょう。

| チェック項目 | チェック項目 |
|---|---|
| □ いらない書類の廃棄は全部終わった | □ 未整理の書類はもう残っていない |
| □ 利用頻度の少ない書類は、別の場所に移動してわかるようにしておいた | □ 本や雑誌・カタログ等の整理を行った（減量化、ジャンル分け等） |
| □ フォルダーに入れる書類は、全部フォルダーを作って入れた | □ ToDo リスト等「うっかり」をなくするための工夫をしている |
| □ 作成したフォルダーに色ラベルを全部貼った | □ 自分の机周り、テーブルなど自宅のワーク・スペースがスッキリと片づいた |
| □ ガイドを使って分類した | □ 文房具品の整理を行った |
| □ 作成したガイドは、全部色ラベルに差し換えた | □ 30 秒以内に必要な書類が出てくるようになった |
| □ フォルダーを全部、ボックスファイル（または引出し等）へ収納した | □ 今回のファイリング導入を家族など周囲は知っている |
| □ ボックスファイルは、すべて前面に見出しを表示した | □ 今後もファイリングを維持していく自信がある |
| □「ファイル分類表」を作成した | |

1．あなたの書類整理上の悩みは解決しましたか？

2．今回のファイリングの実践を通して、" 良かったこと、効果など " を書き出してみましょう。

3．今回のファイリングの実践を通して、自分の整理上の " クセ " や " 習慣 " などで気づいたことがあれば書きましょう。

## 9 | 書類の廃棄方法と保存方法

　今までファイリングを進めていく手順について述べてきましたが、
　ここでは作業していく中で発生する廃棄書類や利用度が低くても捨てられない保存書類についての取扱い方法について述べておきます。ファイリングでは書類が発生してから最終的に廃棄するまでの一連の「流れ」（ライフサイクル）をつくることがポイントになります。

### (1) 書類の廃棄方法

　自宅で発生した廃棄書類は、通常一般ゴミか資源ゴミの古紙扱いで処分することが多いと思います。ただ、昨今私たちの生活の中でも個人情報が不正に狙われる事例が増えています。ダイレクトメールやレシート、学校・職場・マンションなどからの郵便物、古い契約書、請求書、名刺やショップカードなど、そのまま捨てていませんか？　あなたが捨てた後に、個人情報が抜き取られているかもしれません。また個人情報以外にも、家族に見られたくないものもあるかもしれません。それらに該当するものは、わからないように黒く塗りつぶす、裁断するなどの処置を必ず行いましょう。自宅にシュレッダーがあれば一番確実ですが、量が多いときは時間がかかるので、まずはため込まないように。

　ところで最近は、企業などの法人向けだけではなく、個人向けにも個人情報などが記載された書類を安全に処理してくれる業者が増えてきました。ネットで「個人 機密文書処理」などをキーワードに検索すれば、いろんな業者を確認できます。値段やサービスなどを比較して選ぶとよいでしょう。通常有料ですが、私が直接確認したなかでは、下記の竹下産業（東京都）のように、経営者の理念「ちょっとした不注意から機密情報を流出させて後悔する人が減るように」と、社会貢献の一環として無料で個人向けに廃棄処理サービスを行っているようなところもありま

す。

竹下産業（株）「個人向け機密文書処理サービスT-CUBE（ティーキューブ）」

URL：https://www.r-station.co.jp/t-cube/btoc/post/#point01

☆**ワンポイント**

資源ゴミとして紙類を出すときの例（東京都港区の場合）

●雑誌類（雑誌、ハガキ、菓子箱など）

クリップなどはできるだけ取り外して、紐などで束ねる。ハガキは個人情報部分は消すなどの処理をする。

●新聞紙

チラシは新聞紙の束にはさんで、ひもで束ねる。

## （2）書類の保存方法

通常オフィスでは、利用度が落ちた書類は文書保存箱に入れて保存用の書庫室で管理を行い、内容のリストを作成します。自宅の場合も書類には利用度や重要度の差があるので、オフィスと同様に「書庫室で保存」的な発想が必要になります。家の中にそのようなスペース（別室、押し入れなど）を確保したいところです。保存場所がない場合は、インテリアとしても違和感がないようなボックスに入れて置いておくという手もあります（写真：一番下）。なお、箱詰めしたら、いちいち箱を開かなくても中身がわかるように、内容のリストを作る、デジカメやスマートフォンで撮影し画像に残しておく、または写真を箱前面に貼っておきましょう。

ところで最近は、個人向けの収納サービスが充実してきています。やはりネットで個人向けの「トランクルーム」や「レンタル倉庫」などで検索すると、たくさんの情報を得ることができます。ちなみに私の場合は、ボックスで預かる収納サービス会社を利用しています。１箱１カ月

の保管料は200円（ボックスのタイプにより違う）。書類だけでなく、衣類や本なども預け、ネットで出し入れの管理ができるので便利です。

## 筆者が利用している保管箱

### 文書保存箱

| 文書保存箱 |
| --- |
| フォルダーがピッタリ収まる、軽量 A4 専用サイズの箱 |
| 外寸：幅 33 ×奥行 28 ×高さ 28 cm |

### T倉庫の保存箱

| T倉庫のブックボックス |
| --- |
| この専用のボックスで預け入れを行う。 |
| 外寸：幅 42 ×奥行 33 ×高さ 29 cm |

### インテリアとしても使える箱
### （ブラウン編目模様）

| インテリアとしても使えるオシャレな箱<br>（ブラウン編目模様） |
| --- |
| 外寸：幅 47 ×奥行 34.5 ×高さ 32 ㎝ |

# 第5章

# 実践編　ライフファイリング

# 1　〈カテゴリー1〉【基本】ホームファイリング

　この章では20ページで紹介した「小野式ライフファイリングの概念図」に基づいて、ライフファイリングの実践例を紹介します。

　ホームファイリングは前に述べたように、どこの家にも共通的にみられるような書類のファイリングです。家電の取扱説明書、銀行や保険関係の書類、子供の学校からのお知らせ、ダイレクトメールや年賀状などの郵便物など、家庭にはさまざまな書類が山積しています。110〜111ページにホームファイリングの基本分類を事例として掲載したので、この分類をベースに自分の家にあるものを追加したり、ないものを除いたりしてみるとよいでしょう。

　整理方法や手順などについてはすでに述べていますので、ここでは主だった書類の整理ポイントに触れます。

## （1）取扱説明書と保証書

　家電製品から子供のおもちゃまで、何を買っても付いているのが取扱説明書や保証書の類です。パソコンを買うと、「はじめにお読みください」「取扱説明書」「保証書」「活用ガイド」「ユーザー登録証」「インターネット＆メール入門ガイド」「CD-ROM」といった書類がドッサリ箱に入っています。しかもサイズがB5やA4であったり、保証書などは小さな変形サイズ。形態も書類、冊子、チラシ、はがき、CDという具合にまちまちで、なかには接続用のコード類が付いているような場合もあります。このようなことから、実はホームファイリングのなかでは、取扱説明書の整理が最も難儀なのです。しかし見方を変えれば、フォルダーで整理することが適している「素材」であるともいえます。取扱説明書などは次の4つのポイントを押さえて整理しましょう。

① 不要な取扱説明書などは捨てる

② フォルダーに入れてサイズや形態をそろえる。

③ 実態にあった分類を考える

④ 置き場を分散させない

**■いらないものを捨てる！**

　まずは本当に必要なものだけに絞り込むことが大切で、次のようなものはバッサリ捨てましょう。

① 現物がないのに残っている取扱説明書や保証書

② 用済み、または見ることがない案内やチラシ

③ 理解できない外国語で書かれた説明書など

④ 重複している取扱説明書（同じ器具・品物などが複数ある場合）

⑤ 使うことがないコードなどの付属品

捨てたものいろいろ

**■フォルダー化のポイント**

　取扱説明書や保証書をフォルダーの中に入れていきますが、1品1冊のフォルダーに入れていては大量のフォルダが出来て、分類も大変です。ポイントは"関連性があるものは1冊のフォルダーにまとめる"ということ。次ページの表のファイルタイトルで、一番上に「映像（テレビ・ビデオ）」とありますが、このフォルダーにはテレビとビデオに分けたクリアーホルダー2冊が入っています。クリアーホルダーに入れておけば、小さなサイズのものもバラバラになることを防げます。なお、分類については自分でイメージしやすいまとめ方でかまいません。

## ☆ワンポイント

① パソコンに付いているCDなど箱に入っているものは箱から取り出し、箱の必要な部分は切り取ってファイルする。

② 購入日がわかるように、日付を目立つところに赤ペンで記入する。

③ 定期的にファイルを見直して、いらないものは捨てる。

整理した例

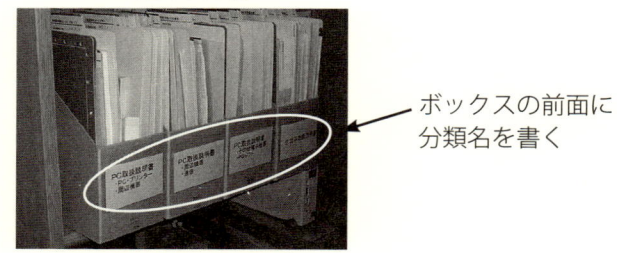

ボックスの前面に
分類名を書く

### 取扱説明書や保証書の分類例（分類は第1・第2ガイドのみ表示）

| 第1ガイド<br>（大分類） | 第2ガイド<br>（中分類） | ファイルタイトル | 形状 | 備考 |
|---|---|---|---|---|
| 取扱説明書 | AV・通信機器 | 映像（テレビ、ビデオ） | F | |
| | | 映像（デジタルカメラ） | F | |
| | | 音響（ミニコンポ） | F | |
| | | 通信（電話、ファックス） | F | |
| | | 通信（携帯電話） | F | |
| | パソコン関連 | ノートパソコン（A社製） | F | |
| | | ノートパソコン（B社製） | F | |
| | | プリンター（C社製） | F | |
| | | パソコン通信機器（スキャナー、HDD） | F | |
| | | パソコンソフト（商品名：A） | F | |
| | | パソコンソフト（商品名：B） | F | |
| | | パソコンソフト（商品名：C） | F | |

## （2）年金、保険、税金に関する書類

　各家庭により数や内容はさまざまですが、お金に直結する大切なものなので、どれも取り出しやすいように整理・保管しておきましょう。年金のフォルダーには、年金手帳や年金定期便などを保管し、自分や家族の年金支払いが途切れていないかなどに注意しましょう。「ねんきん定期便」は節目年齢（35歳・45歳・59歳）のときは封書で、それ以外はハガキで送られてきます。「封書」で受け取った方は、加入記録などの書類をしっかり見て確認しておきましょう。国民年金保険料の領収証書の保存ですが、現在「ねんきんネット」で最新の加入記録が確認できるので、あまり長くとっておかなくても大丈夫です。人によっては年金を受給するまでと考える人もいますが、判断が分かれるところです。

　保険は、生命保険や損害保険、火災保険などさまざまあります。基本は、保険の種類ごとにフォルダーを作り、契約書、保険証券、規約といったものを保管しましょう。夫や子供といった当事者ごとにまとめてもかまいません。一度どのような保険に加入しているのか、書き出して、人生や生活の転機のときに見直してみるとよいでしょう。

**年金・保険などの分類例**（分類は第1ガイドのみ表示）

| 第1ガイド（大分類） | ファイルタイトル | 形状 | 備考 |
|---|---|---|---|
| 年金・保険 | 年金の履歴（年金手帳、年金定期便など） | F | 重要 |
| | 国民年金（納付書控え） | F | 重要 |
| | 生命保険（A社・B社） | F | 重要 |
| | 年金払積立傷害保険（C社） | F | 重要 |
| | 学資保険（太郎）C社 | F | 重要 |
| | 火災保険（D社） | F | 重要 |
| 税金 | 所得税（確定申告） | F | 重要 |
| | 住民税 | F | 重要 |
| | 固定資産税・都市計画税 | F | 重要 |

　税金については年末調整や確定申告のことを考えて、日ごろから医療費の領収書や送られてきた保険料の控除証明書などをまとめて保管するようにしましょう。医療費については、本人と家族の1年間の医療費が10万円を超えた分については所得税の控除が受けられます。

　社会保障や税金などと関連してマイナンバーの通知カードがありますが、カード類と一緒、またはパスポートなどと一緒に保管してもよいでしょう。なお個人の場合、確定申告書類は過去5年分を保存します。

### (3) 銀行関係の書類

　ふだんは家族の間でもあまりオープンにすることのない預貯金や財産に関する書類。いざというとき、すぐわかるように整理しておきましょう。貴重品なので金庫や施錠付きなど、保管場所にも注意が必要です。フォルダーのタイトルは具体的な金融機関名など。財産といえば不動産や、ローンという負債もあります。整理を進めつつ、改めて我が家の財産の棚卸をするとよいでしょう。

　銀行の通帳は、更新のたびにどんどん溜まっていきますが、使用を終えてから2〜5年経過が廃棄の目安です。

### (4) 医療関係の書類

　健康であることに越したことはありませんが、家族に子供や高齢者な

**医療関係の分類例** (分類は第1ガイドのみ表示)

| 第1ガイド（大分類） | ファイルタイトル | 形状 | 備考 |
|---|---|---|---|
| | 時間外受診先 | F | |
| | 応急手当方法 | F | |
| 医療 | 診察券・お薬手帳 | F | |
| | 医療費の領収書 | F | |
| | 健康診断結果F | F | |

どがいれば病院に行くのも日常的なことです。保険証、病院の診察券、お薬手帳から健康診断結果まで、家族の医療情報として大切に保管しておきましょう。

## (5) 各種領収書、クレジット利用明細など

領収書は個人の場合、一般的に過払いの返還請求権が2年で時効になるので2年保管が一つの目安になるでしょう。みなさんは家計簿をつけていますか。パソコンが得意な人なら家計簿をパソコンに入力しているかもしれません。また、収入が決まっていて、そのなかでやりくりをするのだから家計簿をつけないという人もいます。領収書やレシートなどの整理は家計簿をつけているかいないかによって変わってきます。最近では、スマートフォンでレシートの写真を撮影し、家計簿アプリで自動仕分けやグラフ化などを行って家計の分析までするような人もいます。いずれにしても収入と支出のバランスを考えて、ライフプランに合った貯蓄プランをもつことです。なお、クレジットで購入すると領収書とクレジット利用票を受け取りますが、カード会社からクレジットの利用代金明細書が届いて、それと照合して問題なければ廃棄してよいでしょう。

## (6) ポイントカードの類

あなたのお財布、ポイントカードや割引券でパンパンに膨らんでいませんか？　ポイントカードや割引券の類はいろいろ作るのではなく、むしろ保有枚数を絞ってポイントを貯めるのが賢い利用法です。次のようなことを考えて整理しましょう。

### ■無駄なカードを作らないために

① よく利用する店かどうかを考える。その場の気分で作らない。

② カードを作ることは個人情報を相手に与えることだと肝に銘じる。

### ■処分するカード

① 二度と行かないであろう店のカード。

② 期限が切れているカード（割引券も）。

### ■カードを減らすには

① 飲食店を除き、原則1業種1〜2店に絞る。

② 同じ店のカードが複数ある場合は1つにまとめる。

　なお、カード類をフォルダーで整理する場合は、ポケット付きのA4サイズのビニール製のリフィル「分類ポケット」を使い、A4サイズに規格化します。フォルダーの中では、リフィルを綴じ金具で綴じつけると固定されて使いやすくなります。

分類ポケット使用例

## (7) 料理レシピ

　料理レシピの整理ですが、次のような整理上の難しさがあります。

① どの分類に入れるべきか悩む。

② 1つのメニューに2〜5品がセットで掲載されている記事が多く、単品のレシピは探しにくい。

③ ファイルはキッチンで使いにくい。

④ 切り抜き以外に、料理本や料理雑誌もある。

　以上のような問題をもつレシピファイルを使いやすく整理するには、サイズやファイル用品の統一化、分類の一貫性、差し替えの柔軟性などを考慮しなければなりませんが、何より「自分がどこでどのように使うのか」という目的をハッキリさせることが大切。これは何を整理する場

合でも同じことですが。

　レシピの整理は料理を一品ずつB6サイズなどの定形カードに記載、または貼り付けてそのカードを立てて分類し、適当な見出し板や収納用ボックス、ケースなどを使用して整理する方法があります。最近はスマートフォンやタブレットを使う人が増え、レシピの整理に悩む人も以前より減ってきたように思います。ちなみに下に紹介するのは、ある料理研究家の分類例の一部です。「肉」や「魚」、「野菜」といった素材を第1ガイドにし、例えば牛肉レシピは「肉（牛）」のフォルダーに入ります。「穀類」の次には「クリスマス料理」「おせち料理」「お弁当」といったような「行事」や「テーマ」食が続いていました。フォルダーであれば、サイズがバラバラの紙でも、冊子でも一緒に入れることができます。

## レシピの分類例 （第1ガイドのみ、2列表示）

| 第1ガイド（大分類） | ファイルタイトル | 形状 | 備考 | 第1ガイド（大分類） | ファイルタイトル | 形状 | 備考 |
|---|---|---|---|---|---|---|---|
| 肉 | 肉（牛肉） | F | | 野菜 | 野菜（葉もの） | F | |
| | 肉（豚肉） | F | | | 野菜（根菜） | F | |
| | 肉（とり肉） | F | | | 野菜（実もの） | F | |
| | 肉（ジビエ） | F | | | 野菜（山菜） | F | |
| 魚 | 魚（白身魚） | F | | | 野菜（きのこ） | F | |
| | 魚（青魚） | F | | 穀類 | 穀類（米） | F | |
| | 魚（その他） | F | | | 穀類（めん） | F | |
| | 魚介類 | F | | | 穀類（粉物） | F | |
| | | | | | 穀類（豆類） | F | |
| | | | | 行事食 | おせち料理 | F | |
| | | | | | おひな様パーティ料理 | F | |
| | | | | | お花見弁当 | F | |
| | | | | | 以下省略 | | |

整理したレシピ集

## (8) 郵便物

　整理しにくいものの一つに手紙やハガキといった郵便物があります。

　最近は電子メールのおかげで郵便物も減っていますが、軽いお付き合い程度の儀礼的なものから、当事者間の思い入れが強いものまでさまざまで、なかなか処分できないものです。しかもサイズや種類、内容物もさまざまなのでかさばってしまいます。郵便物はその人の人間関係を反映して増えてくるものも多くあります。この際、手紙や贈答品などの整理を通して、人間関係を見直してみるのもよいでしょう。

　ところで、ビジネス文書のなかには顧客や関係先からの連絡文書があります。つまり「受信文書」です。重要な顧客や関係先については、相手ごとに独立したフォルダーを作成しますが、さほど重要ではないものについては「受信文書」のフォルダーを１冊作り、まとめて入れておきます。同様に、私たちが自宅で受け取る郵便物も、手紙の交換が頻繁な人は相手先ごとに、「受信（母から）」「受信（Ａさん）」といったようにフォルダーを作ります。単発的な郵便物は「受信（全般）」フォルダーに。当初はそのフォルダーに入っていた人も、その後お付き合いが発展すれば個人名のフォルダーを作って「格上げ」になり、またその「逆」もありえるわけです。こうしたフォルダー作りによって、自分と相手との関係の深さが目に見えてわかります。

### ☆受信文書を整理するときのポイント

① 手紙は封筒から出して、封筒と一緒にホッチキスで綴じておく。

② ハガキやカードなど小さなものはクリアーホルダーに入れる。

③ 時間があるときに、手紙などを見直して減らす。

### ☆発信文書を整理するときのポイント

　プライベートでは、出した手紙の控えをとっておくことはないと思いますので、発信の分類には通信の控えは作りません。ここでは郵便物を出す際に使う「便箋・封筒」「ハガキ」「切手」といったものはフォルダー

で整理することをお勧めします。「宅急便の送り状」や「住所録」なども一緒にまとめておくとよいでしょう。もちろんトレーや小物入れのようなもので整理してもかまいませんが、フォルダーで立てて整理すると出し入れしやすく、関連するものがボックスにまとまるので使いやすいのです。

**郵便物の分類例**（分類は第 1・第 2 ガイドのみ表示）

| 第 1 ガイド<br>（大分類） | 第 2 ガイド<br>（中分類） | ファイルタイトル | 形状 | 備考 |
|---|---|---|---|---|
| 受発信 | 受信 | 受信（全般） | F | |
| | | 受信（母より） | F | |
| | | 受信（A さんより） | F | |
| | | 受信（B さんより） | F | |
| | | 当年年賀状[1] | F | |
| | | 年賀状（保存用）[2] | F | |
| | 発信 | 受信（全般） | F | |
| | | 住所録 | F | |
| | | 切手、宅急便の送り状 | F | |
| | | 封筒、便箋、ハガキ | F | |
| | | カード類いろいろ | F | |

※ 1　当年年賀状：直近の年賀状でとっておくもの。
※ 2　年賀状（保存用）：ずっととっておきたい年賀状　（例）とっておきたい友人・
　　　親戚などからのもの、芸術的なもの、著名な人からもらったものなど。

## 〈小野式ホームファイリング基本分類例〉

　下の表は、一般的に家庭でよくある書類の分類例です。各々の家庭に合わせて、適宜カスタマイズして分類してみましょう。

### ホームファイル分類例

| 第1ガイド（大分類） | 第2ガイド（中分類） | 第3ガイド（小分類） | ファイルタイトル | 形状 | 備考 |
|---|---|---|---|---|---|
| 受発信 | 受信 | | 子供の学校からのお知らせ | F | |
| | | | 金融機関からのお知らせ・連絡 | F | |
| | | | 勤務先からの連絡 | F | |
| | | | 知人からの手紙・ハガキ | F | |
| | 発信 | | 切手・ハガキのストック | F | |
| | | | 封筒・便箋 | F | |
| | | | メッセージカード・ポチ袋 | F | |
| | | | 宅配便の送り状（未使用のもの） | F | |
| 医療 | | | 時間外受診先（病院） | F | |
| | | | 応急手当方法 | F | |
| | | | かかりつけ・お薬手帳 | F | 重要 |
| | | | 医療費の領収書 | F | 重要 |
| | | | 健康診断結果 | F | |
| 防災 | | | 災害マップ・持ち出しリスト | F | |
| 暮らし | | | 住居規約・駐車場契約 | F | |
| | | | 地域マップ・ごみ出しルール | F | |
| | | | 家事・収納のアイデア | O | |
| | | | マイナンバー・パスポート | F | 重要 |
| 取扱説明書・保証書 | | | 家事関連品の取説・保証書 | F | |
| | | | 映像・音響関連品の取説・保証書 | F | |
| | | | 通信関連品の取説・保証書 | F | |
| | | | パソコン関連品の取説・保証書 | F | |
| | | | 大型品の取説・保証書 | B | |
| | | | 小型品の取説・保証書 | B | |

| 第1ガイド<br>（大分類） | 第2ガイド<br>（中分類） | 第3ガイド<br>（小分類） | ファイルタイトル | 形状 | 備考 |
|---|---|---|---|---|---|
| 金銭・<br>証券 | 年金・<br>保険 | | 年金手帳など | F | 重要 |
| | | | 生命保険の契約書 | F | |
| | | | 自動車保険の契約書 | F | |
| | 預貯金・<br>証券 | | 預貯金・財形貯蓄[1] | F | 重要 |
| | | | 株式投資 | F | 重要 |
| | 税金 | | 確定申告 | F | 重要 |
| | | | 源泉徴収票・保険料払い込み証明 | F | 重要 |
| | | | 車税・車検 | F | |
| 領収書・<br>カード | | | 電気・ガス新聞の領収書 | F | |
| | | | 電話・携帯電話の領収書 | F | |
| | | | クレジットカード利用明細と規約 | F | |
| | | | 生協の利用明細書 | F | |
| | | | メンバーズカード・<br>ポイントカードと規約 | F | |
| | | | ふだんの買い物のレシート[2] | F | |

※1：銀行の通帳と印鑑は同じ場所に置かないようにする。

※2：レシートを家計簿などに使用している場合のみ。一時的な保管。

# 2 〈カテゴリー 2〉プライベートファイリング

　プライベートファイリングは、仕事や知識・教養、趣味といったジャンルの書類整理です。仕事の書類整理に関していえば、塾経営者、通訳、看護師、不動産業、薬剤師、教師などいろんな職業の方の自宅でファイリングのお手伝いをしました。やはりそれぞれに専門分野があるので、それに特化した書類の整理になります。また、たくさんの文献と格闘する研究者の方から相談を受けることもあり、ここでは通訳と研究者の2名の事例を紹介します。

## 〈ケース 1 〉通訳：海外の投資家を訪問先の日本企業に案内し、通訳を行う A さん（40 代女性）

### ・ 本人のお困り点

　フリーランスとして仕事をしています。一番困っているのが資料の整理や収納です。いわゆる事務作業をしやすくするにはどのように整理して配置すればよいか、また3カ月単位で回していく資料があってその量が多く、いつも床に書類が山のように積み重なっています。

### ・ 筆者からの処方箋

　現在床置きされている書類を、ファイリング導入の手順に従って仕分けしてフォルダー化を進めてください。収納は机の横の棚にボックスファイルで行いましょう。

### ・ 結果

　分類は次ページの表のようなイメージになりました。溜まっていた資料も直近のものだけが残り、後は廃棄することになり、スッキリ。

### ・ 本人の感想

　今まで繁忙期に部屋の秩序を乱していた紙類が、いかに多かったか身

に沁みます。いつどのタイミングで、どこにどの書類を入れればよいのかが明確になったので、「とりあえず」置きがなくなりました。この2週間忙しかったにもかかわらず、放置された書類がどこにもありません！収納場所がわかっていると、ポンとそのファイルに入れればいいので、ズボラな私でも苦になりません。ルールやサイクルが決まっていると、こんなに楽なんだ……と驚きです。

**A さんのファイル分類例** （分類は第 1・第 2 ガイドのみ表示）

| 第1ガイド<br>（大分類） | 第2ガイド<br>（中分類） | ファイルタイトル | 形状 | 備考 |
|---|---|---|---|---|
| 業務管理 | | ○年度　エージェント A | F | |
| | | ○年度　エージェント B | F | |
| | | ○年度　Q1 Assignments/Reports | F | |
| | | ○年度　Q2 Assignments/Reports | F | |
| | | ○年度　Q3 Assignments/Reports | F | |
| | | ○年度　Q4 Assignments/Reports | F | |
| 契約書 | | 契約書（エージェント A・B） | F | |
| | | 契約書（クライアント直接） | F | |
| Finance | 確定申告 | ○年度　確定申告書 | F | 重要 |
| | | ○年度　クレジットカード | F | 重要 |
| | | 小規模共済 | F | 重要 |
| | Statements | ○年度　M 銀行 | F | 重要 |
| | | ○年度　N 銀行 | F | 重要 |
| | U S | ○年度　C Visa | F | 重要 |
| | | ○年度　401K | F | 重要 |
| 訪問企業<br>資料 | 今回訪問 | A 社訪問時資料 | F | 2 回分保管 |
| | | B 社訪問時資料 | F | |
| | | C 社訪問時資料 | F | |
| | 前回訪問 | D 社訪問時資料 | F | |
| | | E 社訪問時資料 | F | |

## 〈ケース２〉研究者：大思想家・長谷川如是閑の戯曲における思想的考察を試みるBさん（女性・大学院博士後期課程在籍中）

- **本人のお困り点**

  学会発表を機に、散乱した資料の整理をしたい。

- **ファイリングの進め方**

　学会発表および所属する大学院の紀要論文の構成を確認しつつ進めることにしました。まず、研究者のファイリングでは、先に分類の構想（体系や骨格）を作っておく必要があります。ところが、今回のBさんのケースでは、長谷川如是閑の文学的資料が極めて少ないため、まず思想家の全体像および文学界での立ち位置から切り込んでいくことになりました。また、長谷川がジャーナリストから出発した思想家であることから、社会科学的考察も必須とのことで、今回は、長谷川の社会科学的・人文科学的領域を大きく分けてファイリングを行うことにしました。

　Bさんが執筆した２本の修士論文、それぞれの執筆時に使用した資料はそのままに、今回は長谷川に絞り、メインテーマとなる同時代のそれぞれの論評および資料の分類を中心に行いました。写真は、研究全体の約10％。途中までの状況ですが、長谷川如是閑のフォルダーは、いろいろな切り口で15冊ほどになり、「長谷川」より後の第１ガイドは、社会科学的領域として政治学者、評論家など、人文科学的領域として演出家、戯曲家などと様々な資料が「見える化」され、系統立てて整理されました。

- **本人の感想**

　初めての分野での学会発表があり心配な点が多かったのですが、今回の整理で心も頭の中も同時にすっきり整理されていく感じがしました。ファイリングの手法を活かし、論文の精度を上げていきたいと思います。

## B さんのファイル分類例 （分類は第 1・第 2 ガイドのみ表示）

| 第 1 ガイド（大分類） | 第 2 ガイド（中分類） | ファイルタイトル | 形状 | 備考 |
|---|---|---|---|---|
| 私 | | 査読（論文規定） | F | |
| | | 申請書類 | F | |
| | | 研究報告書 | F | |
| | | 学会発表資料 | F | |
| 他の研究者 | | 他の研究者 | F | |
| 全体共通 | | 書誌 | F | |
| | | 文献資料 | F | |
| | | 月報 | F | |
| 長谷川 | | 【長谷川如是閑】ユーモア | F | |
| | | 【長谷川如是閑】人物評 | F | |
| | | 【長谷川如是閑】搦手から | F | |
| | | 【長谷川如是閑】同時代評 | F | |
| | | 【長谷川如是閑】知識人論 | F | |
| | | 【長谷川如是閑】演劇論 | F | |
| | | 【長谷川如是閑】唯物論 | F | |
| | | 【長谷川如是閑】政治 | F | |
| | | 【長谷川如是閑】対談 | F | |
| 以下省略 | | | | |

引出しへ収納　　　　　　後で棚に収納する

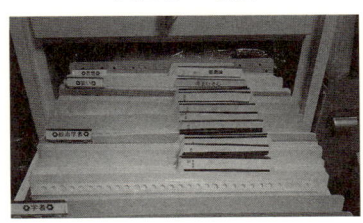 

## 3　〈カテゴリー 3〉エマージェンシー（緊急時）ファイリング

　緊急時のファイリングでは、災害時の非常持ち出しについて述べます。私たちにとって、2011年の東日本大震災は生涯忘れられない大きな爪痕を残した大災害でした。また近年は震災だけでなく、集中豪雨による山崩れや水害、火山の噴火など頻繁に発生するようになりました。そのような状況なので、防災意識は以前よりかなり高まっているといえます。また、いざというときの非常持ち出し（非常食・飲料水、非常時の用品類）などの備えは、どこの家でもある程度の準備をしているのではないでしょうか。では、「重要書類」についてはどうでしょうか？

### （1）重要書類を特定する

　家の中にはいろいろな書類があります。重要書類を特定する際には、それ自体が財産的価値をもつもの、再取得・再現するのに大変な労力や時間を要するもの、個人的に大切な思い出をもつもの（記念写真など）、といった3つの視点で考えるとよいでしょう。例えば、家の権利証は貸金庫に預ける、年金手帳や健康保険証などはコピーをとるか写真をデジタル化してバックアップをとるなど。デジタル画像をクラウドで保存すれば、スマートフォンやタブレットでも見ることができます。バック

| 重要書類 | 例 |
|---|---|
| お金に関するもの | 預金通帳、キャッシュカード、債券、クレジットカード　など |
| 年金・保険 | 保険（生保・損保など）証券、年金手帳、健康保険証　など |
| 住宅に関するもの | 家屋の権利証、住宅ローンの契約書　など |
| その他 | マイナンバー通知カードや個人番号カード、重要な保証書や領収書、遺言状、住所録、パスポート、大切な思い出の写真や記録　など |
| 重要なもの（参考） | 実印、貴金属　など |

アップはできるだけ安全な場所（遠隔地）がよく、自宅から離れている実家や貸倉庫などいろいろ選択肢はあります。

## （2）財産関連の目録を作る

重要書類のなかでも、財産関連のものについては、金融機関や保険会社といった種類ごとに口座番号や緊急時の連絡先などを書いて持ち出し袋に入れておきましょう。目録の記載内容は下の表の項目くらいでかまいません。

２０○○年○月○日現在

| 種類 | 内　容 | 口座番号など | 緊急連絡先など |
|---|---|---|---|
| 金融機関 | ・○○銀行○○支店 | 口座番号 | ……………… |
| 郵便局 | ・○○郵便局 | 口座番号 | ……………… |
| 証券会社 | ・○○証券○○支店 | お客様コード | ……………… |
| クレジット会社 | ・クレジットカード | カード番号 | ……………… |
| 保険会社 | ・○○生命　個人年金保険 | 証券番号 | ……………… |
| | ・○○保険　メディカル総合保険 | 証券番号 | ……………… |
| 不動産 | ・権利証（自宅マンション） | 貸金庫保管※ | ……………… |
| その他 | ・マイナンバー通知カード（個人番号カード） | 個人番号 | ……………… |
| | | 個人番号 | ……………… |
| | ・パスポート | パスポート番号 | ……………… |
| | ・国民年金 | 基礎年金番号 | ……………… |
| | ・健康保険証 | 記号、番号、保険者番号 | ……………… |

※金融機関の貸金庫が一般的ですが、それ以外にも倉庫会社や貸金庫サービスに特化した会社もあります。

## (3)「デジタル資産」の覚書を作る

　ところで前項と関連しますが、忘れてはいけないのがデジタル機器にまつわる各種ID・パスワードなどの番号です。非常時の持ち出しはもちろんのこと、デジタル遺品の生前整理（157ページ）にも関わっています。

　ネット社会の現代では、パソコンやスマートフォンなどは生活に不可欠の存在です。いざというときに困らないように、「デジタル資産」として覚書にまとめて非常持ち出しの袋に入れておきましょう。

### ■対象とするもの

① パソコンやスマートフォンなどの機種・パスワードなど

② ネット取引をしている場合の金融機関の口座と取引用ID・パスワードなど

③ よく使用するサービスのユーザー ID・パスワードなど

④ ブログ、フェイスブック、ツィッターなどのSNS（ソーシャル・ネットワーク）のアカウントなど

### 〈デジタル資産の覚書（例）〉

　IDとパスワードを両方一緒に記載するとセキュリティ上の危険があります。パスワード情報はヒントなどに止めておくとよいでしょう。

20 ○○年○月○日現在

| 機器やサービス | ID やパスワードなど | 備考 |
|---|---|---|
| パソコン（品番） | ・アカウント名<br>・パスワード | ユーザー名 |
| ○○銀行インターネットバンキング | ・契約番号<br>・ログインパスワード | |
| ○○クレジットカード | ・カードの種別<br>・口座番号<br>・有効期限<br>・名義人 | 支払い・決済 |
| ○○○ SNS | ・メールアドレス | パスワードは好きな花 |

## 4 〈カテゴリー 4〉ラストプランファイリング

　健康状態などにもよりますが、60歳前後になると多くの人たちは死を意識し始めます。ところであなたは、自分の財産や家のこと、年金や保険のこと、自分の伝えたい思いなどを日ごろから家族に伝えたり話したりしていますか？　またそれらに関連した書類や資料などは家族がわかるように整理していますか？　"いざというとき"はある日突然やってきて、本当に困るのはあなたの"配偶者"や"息子・娘"です。いざというときの「安心整理」、最近話題になっている「終活」の第一歩がこのラストプランファイリングです。

　次ページのファイル分類は某エンディングノートの目次を参考に作ったものです。「ライフプラン」「資産」「ラストプラン」という3つの項目で、それぞれの内容に応じてフォルダーを作るイメージです。「資産」も重要ですが、「ライフプラン」のフォルダータイトルをキーワードに、一度ゆっくり自分のことを考えてみるとよいでしょう。

　なお、エンディングノートは実際にいろんな項目に従って書き込んでいくものですが、貯蓄にしても不動産にしても通帳や権利証、保険ならば保険証券などの現物があるので、それらも一緒に整理したほうがよいわけです。となれば、エンディングノートを書いたうえでファイリングも一緒にやっておき、できれば両方一緒にコンパクトにボックスやケースにまとめておけば、いざというときに非常に安心です。非常時の持ち出しにもなります。

**ラストプランファイリングの分類例**（分類は第1・第2ガイドのみ表示）

| 第1ガイド（大分類） | 第2ガイド（中分類） | ファイルタイトル | 形状 | 備考 |
|---|---|---|---|---|
| ラストプラン | ライフプラン | これからの予定、やりたいこと | F | |
| | | 私の歴史・将来 | F | |
| | | 私の趣味・おつきあい | F | |
| | | 私の好きな写真と音楽 | F | |
| | | 私の医療や介護について | F | |
| | 資産 | 貯蓄（銀行・郵便局・証券会社など） | F | |
| | | 保険（生命保険、損害保険、共済など） | F | |
| | | 年金 | F | |
| | | 不動産 | O | |
| | | 借入れ | F | |
| | | その他の資産・財産 | F | |
| | ラストプラン | 私の願い、想い | F | |
| | | 葬儀とお墓について | F | |
| | | 私の家系図 | F | |
| | | 慶弔の記録 | F | |
| | | いざというときのために……（手続きなど） | F | |

# 5 〈カテゴリー5〉トピックファイリング

　私たちは学校を終えると、多くの人は就職し社会人になります。そして、仕事や家事・育児に忙しい現役時代を過ごし、定年、セカンドステージといった流れの中で人生を過ごしていきます。ファイリングはそのようなライフステージ（人生舞台）の節目で遭遇するさまざまな出来事やイベント（20ページ、小野ライフファイリングの概念図「トピックファイリング」のジャンル参照）をうまく乗り切るために、大人ばかりでなく子供でも活用することができます。ここでは5つの例を紹介します。

## (1) 受験ファイリング〜塾のテストやプリントなどの整理〜

　A君は小学4年生の男の子で、私立中学を受験するために学習塾に通っています。塾で配られた大量のテストやプリントの整理に困っているので手伝ってほしいと、お母さんからのご依頼がありました。フルタイムで働くお母さんにとって、日々大量に増えるテストやプリントの整理は頭痛の種で、整理が滞り、後でA君が見直すことができません。これは子育て中のお母さん方に共通する悩みだと思います。ぜひ親子一緒に取り組んで整理のシクミを作ってください。簡単なシクミができ上がれば、子供も一人でできるようになります。やり方は通常の手順ですが、整理上のポイントを述べます。

① 整理する対象は今年度のものに絞る（必要があればさかのぼって）。

② まずは各教科に分ける（A君の場合は国語・算数・理科・社会）。公開テスト、実力テスト、夏期講習会、塾からのお知らせや資料類があれば、別に分けておく。

③ 手を付けやすい教科（量が少ない、サイズが同じなど）から着手し、教科ごと順番（日付順や回数順など）に並び変える。

④ B5、B4、A4などサイズがバラバラなものは、A4サイズに合わせて

　　ダブルクリップなどで左肩をまとめる。１回分が複数ページある場合は、ホッチキスでまとめる。

⑤ すべてを残すか、必要なもののみを残すかは子供と話し合って決める。A君の場合は回数順に並べており、すべて残した。

　なお、ファイリングの作業はできるだけ作業段階（教科ごとに分ける、回数順に並べる、折って揃えるなど）を分けて、それぞれ集中的に "せ～の" とゲーム感覚で進めると子供は楽しんでやるようです。驚いたことに、A君のほうがお母さんより並べ替えなどの作業が早く、テキパキしていました。ただこのような集中力は親子ともに長続きはしないので、20 ～ 30分に１回程度休憩を入れつつ進めましょう。

　ファイリング作業は「見る」ことによって→思い出す→比べる→判断する→分ける（残す、捨てる）という行動につながります。そして残すもの→順番に並べ替え→折ったり、綴じたり、揃えたり→フォルダーへ入れる……といった一連の行動を繰り返します。まさに手と頭がフル活動で、子供にとって大いに知育効果があると私は思っています。

実施前　　　　　　　　　仕分け中　　　　　　　最後は動物シールを貼って、
　　　　　　　　　　　　　　　　　　　　　　　自分用にカスタマイズ！

## （2）大学院生応援ファイリング

　大学院で学校教育を専攻しているＡ君が、ある日私にファイリングの個人レッスンを受けたいと連絡をくれました。20代前半の男子学生が個人的にファイリングに興味をもって連絡をくれるとは珍しいことです。話を聞くと、大学の授業で発生する各種資料やプリント類、そして一人暮らしなので、生活にまつわるさまざまな書類などの整理に困っているとのことでした。来年度は修士論文を書き、そして就職活動もしなくてはならない「人生の転機」とのことで、早めに自分を取り巻くいろんな情報を「見える化」ならぬ「わかる化」しておきたいとのこと。

　まずは日々の授業に関するものの整理。受講科目別でのフォルダーを作成しますが、科目には通年を通してのものと前期や後期だけのものがあります。そこでファイルタイトルを「前期　月曜３限　衛生学」といった表示方法で次ページの表のように分類しました。これなら曜日順でわかりやすいですね。フォルダーにはノートも資料も一緒に入るので、机周りもスッキリ。

　ところで生活面のファイリングでは、学生とはいえ二十歳を超えれば年金関係の書類が発生し、アルバイトをすれば金額にもよりますが、所得税や住民税といった税金も関わってきます。各種契約書、銀行やクレジット、医療、授業料や奨学金など結構いろんな書類が発生しています。学生のうちからこのような生活情報を整理することは、社会人としての常識をいち早く身につけることにもなり、意味あることです。最後にでき上がったファイル分類表を見てみると「お料理のレシピ」があり、驚きました。なんと料理教室に通っているそうです。なかなかユニークなＡ君ですが、その後念願がかない、無事都内の小学校に就職が決まりました。今は発達障害の子供たちの教育に取り組んでいるそうです。イキイキと働いている姿が目に浮かびます。

## 学業と生活に関すること（分類は第1・第2ガイドのみ表示）

| 第1ガイド<br>（大分類） | 第2ガイド<br>（中分類） | ファイルタイトル | 形状 | 備考 |
|---|---|---|---|---|
| 授業 | 前期・通年 | 前期　月曜3限　衛生学 | F | |
| | | 前期　火曜1限　表現・相互行為教育演習 | F | |
| | | 前期　火曜4限　武道 | F | |
| | | 通年　木曜2限　教職実践演習 | F | |
| | | 前期　金曜1限　中等特別活動論 | F | |
| | | 前期　金曜3限　学習場面臨床学 | F | |
| | | 前期　金曜5限　バイオメカニクス研究セミナー | F | |
| | 後期 | 後期　月曜1限（前半）　中等進路指導 | F | |
| | | 後期　月曜1限（後半）　中等生徒指導 | F | |
| | | 後期　火曜2限　体育心理 | F | |
| | | 後期　火曜3限　体育哲学 | F | |
| | | 後期　水曜6限　総合生活B | F | |
| | | 後期　木曜4限　小児保健 | F | |
| | | 後期　金曜1限　中等保健体育指導法（教材論） | F | |
| 教員採用試験 | | 教員採用選考大学推薦 | F | |
| 教育実習 | | 大学受け取り書類 | F | |
| | | 中1指導案 | F | |
| | | 中2指導案 | F | |
| | | 中3指導案 | F | |
| | | 実習校受け取り書類 | F | |
| | | 大学受け取り書類 | F | |
| 修士論文 | | 修士論文 | F | |
| 院生書類 | | 院生書類 | F | |
| 料理教室 | | 頻繁主食レシピ | F | |
| | | 頻繁スープレシピ | F | |
| | | バリエーションレシピ | F | |
| | | 季節の野菜レシピ | F | |
| | | ベジパンレシピ | F | |
| 家計 | | ○○銀行 | F | |
| | | クレジット明細書 | F | |

## （3）会社復帰ファイリング 〜産休産後、働く女性を支援する〜

　2016年3月に「女性の働き方・働きがいに関する調査」として、㈱オークローンマーケティングが首都圏の20 〜 50代の会社員（男女800名）を対象にインターネット調査を行いました。その結果、出産後の理想の働き方について「産休・育児休暇を経て職場に復帰し、仕事と育児を両立したい」と回答した女性が44.5％、「産休後すぐに職場に復帰し、仕事と育児を両立したい」と回答した女性が10％と、合わせて5割以上の女性が仕事と育児を両立したいと思っていることがわかりました。再就職やパートで働きたい人を合わせると、8割以上の女性が、家庭以外での役割を持ちたいと希望していることがわかりました。女性が出産後も働き続けるには本人の意思が第一ですが、家族の協力や保育園の確保、会社の制度や職場の状況などいろんなことが絡んでいます。でも若さもエネルギーもある女性たちの「働き続けたい」という気持ちは、少子高齢化の現代では重要な活力でもあります。

　ここでは出産を機に産休に入り、復帰した女性のファイリングの事例を紹介します。第1ガイドを見ると「子供」「給与」「職場復帰」と並びます。保育園の「不入所決定通知書」のフォルダーがありますが、保育園探しの苦労がよくわかります。また「職場復帰」のところでは「復帰後の企画提案」といったような前向きなフォルダーもあり、ブランクを埋める努力を感じます。子供やお金に対する備えもしっかりやっているようで、思わず応援したくなりますね。この分類表には「出産時の記録（メモリー）」という、出産した病院での記録や子供の名前検討、お祝いやいただき物のリストなどもちゃんと整理されています。

　職場復帰前は気持ちの入れ替えとともに、ファイリングすることが、その後の生活をしっかりと支えていくことになるでしょう。

## 会社復帰ファイリング（分類は第 1・第 2 ガイドのみ表示）

| 第 1 ガイド<br>（大分類） | 第 2 ガイド<br>（中分類） | ファイルタイトル | 形状 | 備考 |
|---|---|---|---|---|
| 子供<br>（祐輔） | 保育園 | 保育園の下見 | F | |
| | | 不入所決定通知書 | F | |
| | | 入所案内 | F | |
| | 検診・医療 | 予防接種 | F | |
| | | 乳幼児検診 | F | |
| | | 小児医療費助成制度 | F | |
| | 保険・お金 | 学資保険、コープ共済 | F | |
| | | 預金口座（祐輔） | F | |
| | | 児童手当 | F | |
| | 子育て資料<br>（青） | 離乳食 | F | |
| | | 子育て資料（〇〇市より） | F | |
| 給与関係<br>（赤） | | 給与、有給休暇 | F | |
| | | 出産一時金、給付金 | F | |
| | | 医療費控除 | F | |
| 職場復帰 | | 育児休業について | F | |
| | | 会社からの連絡 | F | |
| | | 社内引継ぎ資料 | F | |
| | | 復帰後の企画提案 | F | |
| 出産時の記録<br>（メモリー） | | 両親学級 | F | |
| | | 〇〇病院、レディースクリニック | F | |
| | | 子供の名前検討 | F | |
| | | お祝い、いただき物リスト | F | |

## (4) セカンドステージファイリング

　自分の人生の中で「定年」が気になり、それ以降の生き方を模索している45〜60歳くらいの人が対象です。

　私の場合は45歳が「そのとき」でした。いろんなタイミングが重なって会社の早期退職制度を利用し、「今だ！」と思い退職しました。幸い私の場合は、予定どおりファイリングの道一筋で働き続けています。その間4冊の本を出すことができました。たぶん会社勤めのままでは難しかったでしょう。会社勤めを続けていれば、きっと今ごろは、60歳以降どのような進路にするべきか悩んでいただろうと思います。私自身の経験から、もし独立を考えるのであれば、次のようにアドバイスしたいと思います。

① とにかく心身共に健康であること（無事之名馬）
② 専門性を高めて"オンリーワン"を目指すとよい
③ いろんな人脈やネットワークをもつこと（"人リッチ"になる）
④ 軌道に乗るには5〜10年の時間がかかる覚悟で（経済的な備えも）
⑤ 自分カンパニーの自覚をもつ（自分が動かないと先がない）

　いずれにしても次の行動を起こすのであれば、早めに計画的に動いたほうがいいということです。特に資格などを取得してから……と思っている人は、在職中から動き始めるべきでしょう。

　次ページの表は「自分への問いかけシート」です。自分流に様式を書き換えていただいても結構です。自分を取り巻く環境を棚卸するように振り返り、これからの自分が求める「ライフワーク、趣味、行動」などについて考えを整理していくのです。シートへの記入を通して、これからの自分が何をやるべきかが少しずつ明らかになり、次の行動につながる「キーワード」が見えてくるでしょう。そうすれば、そのために必要な情報や資料を集め、必要な勉強を始めたり、人と会ったりという行動が生まれます。

# 自分への問いかけシート

●今の自分の棚卸し

| 問いかけ | 問いかけの答え | 気がかりなこと | その対策 |
|---|---|---|---|
| 健康は | 健康診断の結果や、今の健康状態 | | |
| 家族は | 家族構成と年齢など、また家族関係の良し悪しなど | | |
| 経済状態は | 年収○○万円、貯蓄○○万円、住宅ローン残○○万円など、資産も負債も両方 | | |
| 付き合い・人脈 | 仕事関係、学生時代、趣味・サークル、地域・地縁などグループごとに | | |
| 尊敬する人・影響を受けた人は | 自分が尊敬したり、影響を受けた人（理由も） | | |
| 今の仕事は | どんな気持ちで仕事に取り組んでいるのか、仕事の将来性はあるのか、これからも続けたいのかなど | | |
| 今までの職歴 | どんな職場で、どんな仕事に何年携わって、どんな評価や昇進を得たか、その履歴や取得した資格なども | | |

●次の自分へ

| 自分のライフワークは | 生涯続けたいと思っていること | | |
|---|---|---|---|
| 趣味・好きなことは | 何をしているときが一番楽しいのか、なぜそれが好きになったのか、腕前やレベルはどのくらいなのか | | |
| 性格は | 自分からみての、よい面と悪い面、周囲の人からの評価も | | |
| これからしてみたいことは | 箇条書きで書く（理由も） | | |
| これから会ってみたい人は | 箇条書きで書く（理由も） | | |
| これから行きたい所は | 箇条書きで書く（理由も） | | |
| 大切にしたいものは | 大切にしたいもの、こと、モットーなどを箇条書きで | | |

（注）「問いかけの答え」の欄には数字などを入れて具体的に書く。「気がかりなこと」の欄には左の「問いかけの答え」を受けて気がかりなことを、「その対策」の欄もできるだけ具体的に書く。

40代くらいになると誰しもそろそろ実家の親のことが気になってくるのではないでしょうか。近くに住んで頻繁に交流していれば別ですが、離れて暮らしていたり忙しい毎日だと話す時間もあまりありません。私も両親が岡山に住み、高齢になっているので、避けては通れない問題です。将来的に家・相続・お墓などへの対応もあり、そのときにかなりのエネルギーと時間を費やすことが今から想像できます。そんな憂いを少しでも軽減するために実家ファイリングをお勧めします。

## (1) 親の暮らしぶりを知っておく

あなたは実家の両親の暮らしぶりについてどこまで知っているでしょうか。将来生じるかもしれない問題に対処するためには、まずは親を知ることが大切です。子供のころに「子供の目」で見ていた親の姿と、自分が大人になってから見えてくる親の姿とでは、若干違うように思えます。次ページにゴミの出し方からお寺のことまで、親の生活を取り巻く環境について、簡単なリストを載せてありますので、チェックしてみるとよいでしょう。いざというとき直面する問題は「親の日常の生活」のなかにあるのではないでしょうか。

## (2) 両親のプロフィールを知っておく

次はもう一歩踏み込んで両親のプロフィールについてです。どこで生まれ、どんなふうに育ち……といったことはだいたいわかると思いますが、どんなことを望み、これからどうしたいか、などはなかなか聞き出すきっかけがないのではないでしょうか。最近は「終活」ブームで自ら自分の意思をはっきりさせる高齢者の方も増えてきましたが。131ページに、まずは自分の母親についてどれくらい知っているかチェックリス

トを作ったので載せておきます。父親の場合も同様の内容です。これらの項目についてノートなどにまとめておけば、そのままそれが「母のためのノート」や「父のためのノート」になることでしょう。

## ～実家の生活・暮らし、取り巻く環境について知っていますか？～

※該当するところに「✓」印をつけてみましょう。

| 内　容 | | 質　問　項　目 | よく知っている | 知っている | よく知らない |
|---|---|---|---|---|---|
| 生活・暮らしに関すること | 1 | 普通ゴミや資源ゴミの出し方を知っている | | | |
| | 2 | 生ゴミの出し方（処理法）を知っている | | | |
| | 3 | 粗大ゴミの出し方を知っている | | | |
| | 4 | 管轄する役所を知っている | | | |
| | 5 | 町内会（自治会など）の会長を知っている | | | |
| | 6 | 町内会（自治会など）の規約を知っている | | | |
| | 7 | 向こう三軒両隣の名前などを知っている | | | |
| | 8 | 近所で親しくしている家について知っている | | | |
| | 9 | ふだんよく食品や日用品などを買っている店を知っている | | | |
| | 10 | 家電製品が壊れたときの依頼先（電気店など）を知っている | | | |
| 家の中のこと | 11 | 家の電気のブレーカーの位置（場所）を知っている | | | |
| | 12 | 飼っているペットのこと（登録・予防注射・エサなど）について知っている | | | |
| | 13 | 家電製品などの取扱説明書の保管場所を知っている | | | |
| | 14 | 公共料金などの領収書の保管場所を知っている | | | |
| 生活費 | 15 | 両親の年金受給額がどのくらいなのか知っている | | | |
| | 16 | 1カ月の生活費がだいたいどのくらいかかるか知っている | | | |
| お寺のこと | 17 | 檀家になっているお寺について知っている | | | |
| | 18 | お寺との付き合い（年間行事・お布施金額など）について知っている | | | |
| | 19 | 実家の法事・法要について知っている | | | |
| その他 | 20 | 親が慶弔時に包むお金の金額の目安を知っている | | | |
| | 21 | 地元の司法書士などを知っている | | | |

# ～お母さんのこと知っていますか？～

※該当するところに「✓」印をつけてみましょう。

| 内　容 | | 質問項目 | よく知っている | 知っている | よく知らない |
|---|---|---|---|---|---|
| プロフィール | 1 | 母の生年月日を知っている | | | |
| | 2 | 母がどこで生まれたか知っている | | | |
| | 3 | 母の血液型を知っている | | | |
| | 4 | 母の兄弟姉妹全員の「名前」を知っている | | | |
| | 5 | 母の兄弟姉妹全員の現在の「住所」を知っている | | | |
| | 6 | 母の両親（祖父母）の名前や出身地を知っている | | | |
| | 7 | 母の卒業した学校名を知っている | | | |
| | 8 | 母の結婚するまでのことをだいたい知っている | | | |
| | 9 | 両親の結婚記念日や結婚式会場について知っている | | | |
| 趣味・嗜好 | 10 | 母の好きなこと（趣味など）を知っている | | | |
| | 11 | 母の好きな服や服装を知っている | | | |
| | 12 | 母の仲の良い（親しい）友人を知っている | | | |
| | 13 | 母の好きな俳優や歌手などを知っている | | | |
| | 14 | 母の好きな食べ物、苦手な食べ物を知っている | | | |
| 健康・医療 | 15 | 母の現在の健康状態をだいたい知っている | | | |
| | 16 | 母のアレルギーや副作用、既往症などについて知っている | | | |
| | 17 | 母のかかりつけの病院を知っている | | | |
| | 18 | 母が常用する薬について知っている | | | |
| 本人の希望・意思 | 19 | 母の介護が必要になったときの本人の意思を知っている | | | |
| | 20 | 母の判断力が低下したとき（認知症など）の本人の意思を知っている | | | |
| | 21 | 母の延命措置の希望について知っている | | | |
| | 22 | 母の臓器提供・献体についての希望を知っている | | | |
| 財産（年金・保険を含む） | 23 | 母の「預貯金」などについて知っている | | | |
| | 24 | 母の持つ「有価証券」（株式・債券・手形・小切手など）について知っている | | | |

| 内　容 | | 質問項目 | よく知っている | 知っている | よく知らない |
|---|---|---|---|---|---|
| 財産（年金・保険を含む） | 25 | 母の持つ「不動産」について知っている | | | |
| | 26 | 母の持つ「その他の資産」について知っている | | | |
| | 27 | 母の入っている「年金（公的年金・私的年金）」について知っている | | | |
| | 28 | 母の入っている「保険（生命・医療・個人年金・火災保険など）」について知っている | | | |
| | 29 | 母の「債務（借りているお金）」について知っている | | | |
| | 30 | 母の「債権（貸しているお金）」について知っている | | | |
| | 31 | 母の遺言書の有無について知っている | | | |
| | 32 | 上記の母の書類の保管場所を知っている | | | |
| 葬儀 | 33 | 母の葬儀についての希望を知っている | | | |
| | 34 | 母の戒名やお墓についての希望を知っている | | | |
| | 35 | 母の遺影にふさわしい写真を知っている | | | |
| | 36 | 母の柩に入れて欲しいものを知っている | | | |

## その他、自分で気になることがあれば書き出してみましょう

| 内　容 | | 質　問　項　目 | よく知っている | 知っている | よく知らない |
|---|---|---|---|---|---|
| | 1 | | | | |
| | 2 | | | | |
| | 3 | | | | |
| | 4 | | | | |
| | 5 | | | | |
| | 6 | | | | |
| | 7 | | | | |

## (3) 実家ファイリングの実践

　実家ファイリングでは、可能な限り親と一緒に実家の生活情報の整理をすることをお勧めしています。

　今まで述べたように家の中の書類というのはいろんな情報に溢れています。それを整理していけば、だいたいの実家の状況を把握することが可能ともいえます。嫌がる親も多いと思いますが、これは「お互いのため」、いや、将来の「自分のため」でもあります。その必要性を話して協力を求めましょう。ファイリングを通していろんな状況がわかるとともに、まわりも片付いてスッキリしてきますので、一挙両得です。

　なお、対象は「ホームファイリング」のカテゴリーからスタートして、最初から全部やろうとせずに何回かに分けてでも結構。会話をしながら進めてみましょう。ちなみに私の場合は母と一緒に進めていきました。書類の整理というのは結構疲れるので、無理がないように一息ついてお茶タイム。最後に母がぽつりと言った「いろいろ聞いてくれてありがとう」という言葉が忘れられません。ふだんの会話不足を反省します。ちなみに父は嫌がりましたが、いろんな生活情報を握っているのは母でしたので、その点は助かりました。なお、実家ファイリングが終わったら、離れて住む自分にとって必要な情報は、コピーをとったり写真に残すなどして、自分でももっておくようにしましょう。そして何より日ごろから気にかけてあげることが大切です。

　ところで、親が認知症になった場合ですが、その度合いなどにもよります。友人が軽度の認知症の母親と一緒に、昔の母親の仕事に関する書類を整理した際、思いのほか記憶が鮮明で、母親の目がイキイキとしてくるのを感じたそうです。お母さんの輝いていた時代を垣間見て、共有できたとのことでした。みなさんも早めに取りかかってみてはいかがでしょうか。

## 実家ファイリングの事例（分類は第 1 ガイドのみ表示）

| 第 1 ガイド（大分類） | ファイルタイトル | 形状 | 備考 |
| --- | --- | --- | --- |
| 生活・暮らし | 町内会・近所 | F | |
| | 家電取扱説明書（家電製品） | F | |
| | 家電取扱説明書（電話・インターフォン） | F | |
| 医療・介護 | 【父】医療関係書類、お薬手帳など | F | |
| | 【母】医療関係書類、お薬手帳など | F | |
| | 医療費の領収書 | F | |
| | 健康医療情報 | F | |
| | 介護施設等の資料 | F | |
| 公共料金 | 電気・ガス領収書 | F | |
| | 下水道納付通知書 | F | |
| | NTT 電話料金 | F | |
| 各種年金・保険 | 【父】年金 | F | |
| | 【母】年金 | F | |
| | 【家】火災保険 | F | |
| | 【自動車】保険 | F | |
| 貯金・税金 | 【父】〇〇銀行 | F | |
| | 【母】△△銀行 | F | |
| | 【父】農協貯金 | F | |
| | 確定申告 | F | |
| | 固定資産税 | F | |
| | 贈与税申告 | F | |
| 農協 | 農協全般 | F | |
| お寺・葬儀 | 〇〇寺全般 | F | |
| | 〇〇様全般（氏神様） | F | |
| | 葬儀関係資料（祖母のとき） | F | |
| リフォーム | 〇〇年台所リフォーム時記録 | F | |
| | 〇〇年トイレ・風呂リフォーム時記録 | F | |
| 郵便 | 未使用の封筒・便箋・葉書 | F | |
| | 郵便物（いろいろ） | F | |
| 母 | 【母】メモ・ノート・覚書き | F | |
| | 【母】親戚関係 | F | |

# 7 〈カテゴリー7〉コレクションファイリング

　「コレクションファイリング」とは、その名のとおり趣味で集めたさまざまなものをファイリング用品などを使って、探しやすく整理することです。切手やコインから始まり、絵葉書、映画のパンフレットやポスター、漫画本など。子供でもポケモンカードを千枚も持っていることもざらに見られます。なかにはTシャツやスニーカー、珍しいところでは通販のダンボールを集めているという人までいて、コレクションといっても、種類や量、カタチなどさまざまで、家の中の整理しづらいものの筆頭にあげられるかもしれません。自己満足にただ収集するだけの人もいますが、やはり人に見せて一緒に楽しむというのが、コレクターの妙味でしょう。

　ですから、「美しく」「わかりやすく」ということも必要で、さらに専門的に研究するのであれば、体系的に分類する必要もあります。その場合、フォルダーは最適な用品で、見出しガイドを用いると非常にわかりやすく分類できます。私の知り合いで「箸」のコレクションをしている人がいて、専用の台紙を作成してフォルダーに収納しています。コインや切手、その他紙系のコレクションであれば、台紙などを工夫すればフォルダーで整理することができます。コレクションはその人らしさや本人の生きがいにも通じて、毎日をイキイキさせる原動力の一つですね。

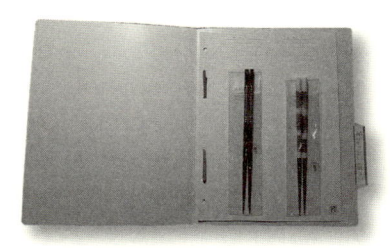

台紙は1枚に2つのポケットがついており、2膳の箸が収納できる

# 8　〈カテゴリー 8〉ライフアーカイブズ

　アーカイブ（archive）とは、重要な記録を保存・活用し、未来に伝達するものをいいます。元来は公的記録の保管所、公文書館などのことを指しています。

　「ライフアーカイブズ（life archives）」は私が考えた造語で、自分や家族にとっての大切な記録で、後世まで残しておきたいもの。つまり大切な思い出、自分や家族などの歴史・歩みなどに関する記録のことです。具体的には手書きや印刷したものなどの紙媒体、デジタル記録、音声・映像などさまざまな状態で存在することでしょう。今まで述べてきたライフファイリングを終えたら、今度は「ライフアーカイブズ」という視点で、自分や家族にとっての「宝物」を選び出してください。〈カテゴリー 3〉エマージェンシーファイリングで、家の中の重要書類について取り上げましたが、それと関連しています。

　ファイリングでは、原則、記録媒体の種類ごと（紙は紙、デジタルデータはデジタルデータとして）保存しますが、ライフアーカイブズの対象となる紙媒体（紙焼き写真含む）をすべてスキャンし、CDやDVDなどに保存する方法もあります。またこれを機会に、古い8ミリ映像やビデオテープをDVDに入れ替えるといったことも考えられるでしょう。

　なお最近は、人生の記録を「自分史」の形で出版する人も増えてきました。自分史は「生きてきた証を残せる」「自分をよく知ることができる」「自分の生きがいが見つかる」など多くのメリットがあります。自分史を作るうえで役立つのは、まず年齢順に自分の半生をつづる「人生年表」を作ってみることです。その年表に家族のイベントも一緒に書き込んでいくとよいでしょう。自分の人生を振り返り、残しておきたいものがハッキリすると、毎日に張り合いが出てくるのではないでしょうか。

# ファイリングに関するＱ＆Ａ

| No. | 質問 | 回答 |
|---|---|---|
| Q 1 | ファイリングの用品は、個別フォルダーと見出しガイドを必ず使用しないといけませんか？ | 効果を実感するには、個別フォルダーはぜひ使っていただいた方がよいです。見出しガイドは代用できるものがあれば（Q2 参照）それでもよいですし、なければ使用しなくてもかまいません。ただし、分類はわかるようにしましょう。 |
| Q 2 | 「見出しガイド」の手作り方法を教えてください。 | ①使わないフォルダーや板紙などとプラスティックフセンを準備します。②上記①のフォルダーなどをガイドのサイズ（横 31㎝×縦 24㎝）に合わせて切って、フセンをガイドの見出しに見立てて貼ります。 |
| Q 3 | フォルダーに色ラベルを貼らないといけませんか？ | 必要ないのであれば、貼らないで見出し部分に直接ファイルタイトルを書いてもかまいません。その場合、マーカーなどで色をつけておくと簡単な色分けになります。 |
| Q 4 | Ａ４サイズのフォルダーは横型ですが、フラットファイルのようにＡ４縦方向で並べてもよいでしょうか？ | 正しい使い方ではないので、それはやめてください。 |
| Q 5 | フォルダーで整理しにくいものは、別のファイルを使ってもよいのでしょうか？ | はい、かまいません。 |
| Q 6 | フォルダーで整理したものと、それ以外のファイルで整理したものを一緒に並べておいてもよろしいですか？ | はい、かまいません。内容で探すときにはそのほうがわかりやすいでしょう。ただ量が多い（かさばる）場合は、それだけ別に収納したほうがよいかもしれません。 |

| No. | 質問 | 回答 |
|---|---|---|
| Q7 | 自宅の棚にボックスファイルを並べた際に2～3センチ飛び出てしまいますが、大丈夫でしょうか？ | 通常の使用では落ちてくることはないでしょう。 |
| Q8 | 分類は第1ガイドから第3ガイドまでの3階層までですか？ | はい、そうです。ただすべての分類を同じように使用する必要はありません。81ページ参照。検索する際にあまり分類階層が深いと探しにくくなります。またボックスファイルへの見出し表示もくどくなるので、状況にもよりますが、紙ベースのファイリングでは分類のレベル合わせより、「実際の探しやすさ」のほうを優先して分類を作ります。<br>（例）124ページの大学院生の分類は、本来なら「学業」と「生活」といった2つの言葉が第1ガイドですが、あえて省略しています。 |
| Q9 | 1グループのフォルダー数が少なくてもガイドは立ててよいですか？ | 通常1グループのフォルダー数は少なくても5冊が目安です。ただ、今後フォルダーが増えてくる場合や「キーワード」としてガイドの言葉を出しておきたい場合などはかまいません。 |
| Q10 | クリアーホルダーがたくさんあるのですが、どのようなときに使用したらよいでしょうか？<br><br>A4縦とA4横の両方で見出しを表示した例 | いろんな使い方があります。例えば①フォルダーの中で関連した書類をまとめるのに使う、②書類を持ち出すときに入れる、③やりかけの書類を一時的に入れておく、④仕事であれば、仕事を受注するまでの一時的なファイルとして使う。<br>使用上の注意としては、必ずラベルを貼ってファイルタイトルを表示することです（写真参照）。 |

# 第6章

# デジタル（電子）データの整理

# 1　デジタルデータも「捨共流」が必要

## （1）一般世帯でのパソコンの普及率

　自宅でもパソコンを使う人が多くなりました。一般世帯でのパソコンの普及率を調べてみると、「単身」「2人以上の世帯」でのパソコン普及率は、前者が44.7%で後者が76.7%です（「世帯主年齢階層別パソコン普及率」内閣府消費動向調査、2017年3月）。また普及率が一番高いのは50～59歳の「2人以上の世帯」で88.9%、逆に「70歳以上の単身世帯」では普及率は一番低い27%という結果でした。年齢や世帯状況などによってかなり差があるようですが、この結果をみてもオフィスのみならず私たちの自宅でもデジタルデータの整理について考える必要があるようです。

## （2）オフィスでの実態

　ところで私は、ファイリングのコンサルティングでさまざまな企業を訪ねますが、デジタルデータの整理や管理についていえば、それぞれの会社の規模や業種業態、方針などによってその取り組み方は千差万別です。当然ですが、金融機関や大手企業、個人情報を扱う企業などではセキュリティ対策も含めルールに則って厳重に管理しています。反面、いろいろ問題を抱える企業があるのも事実です。ここでは個人のデジタルデータの整理に入る前に、オフィスでのデジタルデータの整理について少し述べておきます。

　私は最近、紙文書のファイリングが終わったら「デジタルファイリング」という、デジタルデータの整理の相談を受けることが増えました。デジタルファイリングというと難しく感じますが、要は電子データを紙と同じ要領で整理する方法です（当然、システムやセキュリティ、法律面などで難しい面は多々ありますが）。デジタル化されたデータはネッ

トワークを介して瞬時に同時に、多くの人が多方面で利用できて非常によいのですが、紙文書のファイリング同様にルールを決めていないと、いろんなデータがどんどんクライアントPC（個人が使っているパソコン）や共有サーバーに溜まっていきます。結果として、サーバーの容量が不足してトラブルになったり、他のメンバーが閲覧できない、本人すら検索してもなかなかヒットしない、検索に時間がかかる、またはセキュリティ対策が徹底できないといった問題が発生したりもします。紙文書での問題とかなり共通しているといえます。

## (3) デジタルデータの捨共流

　そこで、デジタルデータの整理も「捨共流」の考え方で整理していくとよいでしょう。つまり次のようなことです。

「捨」：不要なデータは削除する

　　　　⇒ではどんなデータが削除できるのかを考える。

「共」：データは共有化する

　　　　⇒業務上のデータの個人管理はやめる。クライアントPCと共有サーバーでの管理方法などのルールを作る。

「流」：データにも流れをもたせる

　　　　⇒保有期間を決めたり、利用度が落ちたら他の記録媒体（メディア）へデータを入れ替えるなどの流れを作る。

　最近は「なんでも電子化」という風潮もありますが、「電子化の要・不要」を見極めて、不要なデータは廃棄（削除）し、本当に必要なもののみ保存するというスタンスが必要です。そうしないと、電子化の手間はもちろん、パソコンやサーバーの中は紙と違って直接目に見えないので、すぐ「ブラックボックス化」します。それは自宅の場合も同様です。紙と電子（デジタル）それぞれの利便性を生かし、補い合い、車の両輪のように共存させることが望ましく、現実的だと思います。

# 2　スタートは「デスクトップ」の整理から

　「デスクトップ」はその名のとおり、リアルな机になぞらえると「机の上」です。机の上がスッキリしていれば仕事がはかどるように、パソコンのデスクトップも常にスッキリさせることが肝心です。デスクトップがゴチャゴチャしていると、次のような弊害が出て作業の効率をダウンさせてしまいます。

**ウィンドウズの
デスクトップ画面**

① パソコンの起動時間が遅くなる

② 一目でわかりにくく検索時間がかかる

③ 必要なデータをうっかり誤消去したり紛失したりしてしまう

　デスクトップのファイルやアイコンなどの数は10個以内にとどめましょう。

## (1) デスクトップがゴチャゴチャしている人へ

　デスクトップに作業途中のファイルやアプリケーションソフト、ダウンロードしたデータなどのアイコンが雑多に並んでいる場合、机の上の書類を仕分けするように、まずデスクトップに「処分」「保留」「保存」という３つの「仮置き」フォルダを作って、そこへどんどんファイルやデータを移動させましょう。下の図は、３つのフォルダをさらに「仮置きフォルダ」でまとめた場合です。各フォルダについては次のように取り扱います。リアルな机と違って、パソコンの場合はスイスイと作業は進むはず。

**デスクトップの仕分け
フォルダ**

仮置き
処分
保留
保存

① 「処分」フォルダ：後で「ごみ箱」へ移動する。

② 「保留」フォルダ：ここには処理に迷った

ファイルを一時的に入れる。フォルダのタイトルに整理した日付を入れてしばらく様子をみる。空いた時間に見直すとよい。
（例）「保留(180331)」）

③「保存」フォルダ：ここでの保存は一時的なもので、後で内蔵ハードディスクや共有サーバーなどに移動する。ファイルが多い場合は、さらに内容や案件別にフォルダを作って入れておく。

## (2) デスクトップは作業スペース

リアルな机では、デスクトップはできるだけ作業ゾーンを広くとるということでした。同様にパソコンでも同時にいろんなファイルを開いたり、データを使用しながら作業を進めるので、限られた画面スペースとはいえ広々と使いたいものです。スッキリしたデスクトップなら「やる気」も出るはず。作業中はデスクトップにファイルやショートカットなどを置いて広々した作業スペースを活用しましょう。

なお、作業が終わったら元のきれいなデスクトップに戻すことは言うまでもありません。もし、"やりかけ" として残っているファイルなどがあれば、デスクトップに「やりかけ」や「作業中」「懸案」といったフォルダを作ってそれに入れておきましょう。残したままのファイルは机に置きっぱなしの書類と同じです。

やりかけフォルダ

## (3) デスクトップの壁紙にこだわろう！

デスクトップの背景（壁紙）の選択は些細なことのようにも思えますが、案外仕事の能率に影響します。視覚的にうるさい柄のものは避けて、できるだけ集中力を高めるような画像を選ぶとよいでしょう。私は青緑系の単色にしています。

# 3 いらないファイルの削除

　パソコンを使っていると、知らず知らずのうちにパソコン内に不要なファイルが溜まって使用容量が増えてしまいます。そうするとデータ保存の領域を圧迫するばかりか、パソコンの起動やパフォーマンスに影響を及ぼす原因になります。紙の書類と同様に定期的に見直して、不要なファイルを「削除」しましょう。

　なお、パソコンでは、自分が作成するファイル以外に、使用しているうちに自動的にどんどん溜まってくるファイルもあります。その両方に目を光らせる必要があります。また、購入当初からインストールされているさまざまなソフト類も、自分にとって必要ないものはアンインストールしたほうがよいでしょう。

## (1) こんなファイルは削除できる
- ほとんど見ない、使わないファイル
- 作成年が古いファイル（目安3年以上経過）
- 取りあえずとってある、程度のファイル
- 送信用に一時的に作ったPDFファイル
- オリジナルが別にある、コピーされたファイル
- ダウンロードしたけれど使わないアプリケーションソフト
- 似たアングルで写した画像データ
- パソコン内に自動的に溜まっていくファイル

## (2)「ディスククリーンアップ」で一気に削除
　ディスククリーンアップとは、簡単にいうとハードディスクの掃除です。

　自動的に溜まっていくファイルは、次の手順で簡単に削除できます。

1カ月、あるいは数カ月に1度くらいの頻度で実施するとよいでしょう。

**〈ウィンドウズ10の場合〉**

【手順】デスクトップ画面のタスクバー「エクスプローラー」を起動（写真1）→左メニューの「PC」をクリック→クリーンアップしたいディスク（ここでは「ローカルディスクWindows (C:)」）にマウスカーソルを合わせ、右クリック（写真2）→「プロパティ」をクリック→「ディスクのクリーンアップ」をクリックする（写真3）→削除されるファイルが表示されるのでチェックボックスに該当するものをチェックする。

（削除するファイルの例）

□ごみ箱　　　□一時ファイル（テンポラリファイル）　　　□ダウンロードされたプログラムファイル　　　□インターネット一時ファイル

写真1

写真2

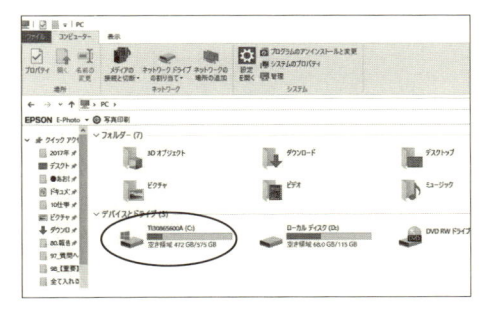

写真3

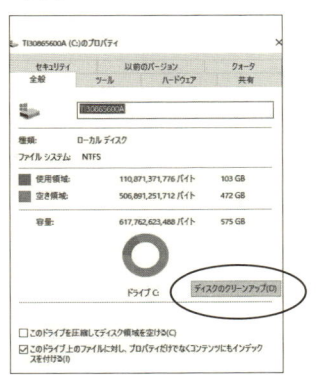

# 4　ファイルタイトルの付け方

　紙の書類については、フォルダーのファイルタイトルの付け方について第4章5で詳しく述べました。デジタルデータの場合も1件ごとのファイルタイトルの付け方のルールが必要です。せっかく検索機能を駆使しても探すのに試行錯誤していては時間がもったいない。とくに職場では、ファイルタイトルのルール化がデータ共有化の第一歩になります。

　右の図を見てください。ファイリングの導入に関する田中商事という会社のフォルダの中に10個のファイルがあります。社名が前にあったり後ろにあったり、社名のないものもあります。記号についても「【　】」や「_」（アンダーバー）を使用したり、していなかったりとバラバラです。これでは一目で田中商事のものかどうかわからないし、検索でもヒットしないものが出てきます。そこでファイルタイトルのルール化が必要になります。

現状のファイルタイトル

- （導入前）田中商事保管文書量調査
- 【機密保持契約書】田中商事
- 意識調査アンケート（田中商事）
- 第1会合レジメ
- 第2会合セミナーレジメ
- 提案書用写真（田中商事）
- 田中商事_第1会合用スライド
- 田中商事ファイリング 導入スケジュール
- 田中商事見積データ
- 田中商事様ファイリング導入提案書

　ファイルタイトルは具体的に表示します。ちなみにウィンドウズでは、ファイル名には次のようなルールがあります。

　半角で215文字、全角では107文字までの名前が付けられます。スラッシュ（/）、円記号（¥）、不等号記号（<>）、アスタリスク（*）、疑問符（?）、ダブルクォーテーション（"）、縦棒（｜）、コロン（:）、セミコロン（;）をファイル名の一部に使用することはできません。

　全角で107文字（半角215文字）まで名前が付けられますが、かと言って、長すぎるタイトルも分かりにくいものです。職場では通常全角30文字くらいを上限に考えるとよいでしょう。なお、タイトルを構成する

基本要素は次の３つです。

　①作成年月日、②固有名詞、③内容やテーマ（主題）。

## (1) ルール１：フルネームで具体的に表示する

　相手先や宛名がある場合は、必ずファイルタイトルに社名や個人名などを表示します。社名の場合は㈱㈲などを省略した方が50音で並べ替えたりする場合には都合がよいでしょう。社名の後には内容などを表示します（修正後の右上の図参照）。

修正後のファイルタイトル

| |
| --- |
| 田中商事_ファイリング導入スケジュール |
| 田中商事_ファイリング導入提案書 |
| 田中商事_意識調査アンケート |
| 田中商事_機密保持契約書 |
| 田中商事_見積作成データ |
| 田中商事_第1会合レジメ |
| 田中商事_第1会合用スライド |
| 田中商事_第2会合レジメ |
| 田中商事_提案書用写真 |
| 田中商事_導入前保管文書量調査 |

## (2) ルール２：一目でわかりやすく表示する

　そのためには次のような方法があります。

①「共通用語」（この場合は社名）を先頭に出す。その後ろに「_」を入れると先頭がそろうので見やすい。「スペース（空白）」は分かりにくいので使わない。

②共通する言葉は「【　】」などでまとめて先頭に出すと、さらに目立ってわかりやすい。

　（例）

　【田中商事】ファイリング導入スケジュール

　【田中商事】ファイリング導入提案書

③ファイルタイトルに使えない記号

　半角の「＼」「／」「:」「?」「*」など

先頭に作成年月日を入れる

| |
| --- |
| 180203_田中商事提案書用写真 |
| 180204_田中商事ファイリング導入スケジュール |
| 180204_田中商事見積作成データ |
| 180210_田中商事ファイリング導入提案書 |
| 180215_田中商事機密保持契約書 |
| 180217_田中商事意識調査アンケート |
| 180220_田中商事導入前保管文書量調査 |
| 180407_田中商事第1会合レジメ |
| 180407_田中商事第1会合用スライド |
| 180423_田中商事第2会合レジメ |

## （3）ルール3：先頭に作成年月日を表示する

　右の図のようにファイルタイトルの先頭に作成年月日を表示するとよいでしょう。この場合、西暦8桁にするか6桁にするかという選択肢があります。前者の場合は「20180331」、後者の場合は「180331」といった具合。どちらでもよいのですが、後者のほうが見やすいでしょう。また、作成年月日の後に「_」を入れたほうが見やすいです。

### ■実態に合わせて

　オフィスの場合、ファイルやデータによっては製品番号や管理番号などの表示を先頭に入れる、または原稿などの場合は最新版が常にわかるような表示方法にするなど、さまざまな状況があるので、原則と例外という考え方で原則を守りつつも柔軟に対応するとよいでしょう。

　（例）

「SE-02製品仕様書」：製品番号を先頭に入れる

「2017年年末商戦チラシ_01」：製造順（バージョン）で区別

「180215修正_A社企画書」：年月日を先頭に入れる

# 5 階層はツリー構造で

　パソコン内での分類は、原則としてファイルの検索機能に頼らず、書類と同じように、思考のルートマップに従って探せるような分類体系を目指します。すなわち81ページのようなツリー構造をパソコン内でもフォルダを使って作ります。難しく感じるかもしれませんが、書類の場合はリアルな書類のボリュームやサイズに分類が左右されるところもありますが、基本的には、デジタルデータについてはボリュームを心配する必要はありません。ですから、より「頭で考えた論理的な分類」を作ることができるのです。

　パソコンでは、フォルダがファイルを入れる「入れ物」であり、同時に見出しガイドのような役目も果たしてくれます。フォルダをうまく使って探しやすい分類体系を作りましょう。

## (1) ファイルはフォルダに入れる

　作成したファイルはフォルダの中に入れて管理します。1フォルダに入れるファイルの数は、10ファイル前後で15ファイルくらいを上限としましょう。実際にフォルダを開いて中のファイルを見るとわかりますが、15ファイルを超えるとかなり「多さ」を感じます。

ファイルはフォルダへ

## (2) 分類の階層は3〜5階層にとどめる

　書類の整理では分類は「大・中・小」の3階層でしたが、パソコンでも3階層までがベスト。せいぜい5階層までを目安とします。あまり階層を深くすると探しにくくなります。

## （3）"一匹オオカミ"ファイルへの対応

　ツリー構造の分類を作るうえでは、どのフォルダにも入らない"はみ出した"ファイルをそのままにするべきではありません。そのような"一匹オオカミファイル"は、「〇〇全般」というタイトルを付けた専用のフォルダに入れるとよいでしょう。「その他」のような考え方ですが、後ろではなく分類の先頭に配置します。これは書類の場合も同様です。

全般フォルダ

00_A社全般

はみ出したファイルは
先頭へ

## （4）フォルダに番号を付けて整列させる

　パソコン内で分類体系を作っていくためには、フォルダのタイトル先頭に数字を表示して整列させます。その場合、数字は各階層2ケタで10番飛ばしにしておくと、間に追加が発生した際に対応がしやすいでしょう。オフィスの場合は3桁のほうがよいかもしれません。「_」も入れたほうがよいです。

筆者の場合の分類例

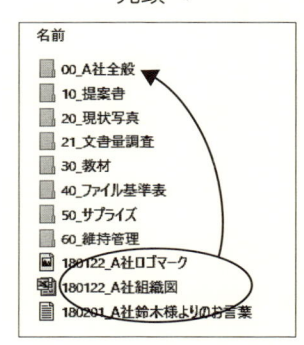

# 6 バックアップで大切なデータを守る

　公私にわたりパソコンを利用している私たちにとって、データのバックアップを定期的にとっておくことは何よりも大切な生命線といえます。ちなみにバックアップとは、データをコピーして別のものに保存するということです。コンピュータの運用管理者などの間では「論よりバックアップ」や「転ばぬ先のバックアップ」という格言もあるくらい重要視されています。バックアップをとっておくと、パソコンが故障してしまったときだけでなく、次のようなときに役立ちます。

① ファイルやフォルダを誤って削除したり上書きしたとき
② アプリケーションをインストールしたり、ハードウエアを追加したりするとき
③ パソコンを修理に出したり、買い替えをするとき
④ 地震、災害、火事などの災害時のデータ保護として

## (1) 利用できるメディア

　データを保存する記録媒体（メディア）にはいろいろあり、技術進歩は目覚ましいものがあります。目的に合った自分が使いこなせるメディアを選びましょう。また、重要なものは二重三重に安全性を確保したいものです。

### ①外付けHDD（ハードディスク）

　USBポートなどを使ってPCに接続するハードディスク。

　大容量で高速なので、バックアップには最適。最近は3TB（テラバイト、テラはギガの1000倍）、4TBといった超大容量のハードディスクでも1〜2万円くら

据え置き型の
外付けHDD

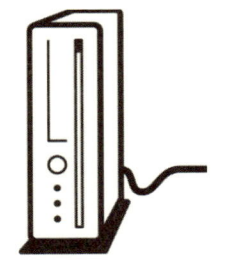

151

いで販売されている。持ち運びが可能で小型軽量化されたポータブルタイプもある。容量や用途、価格のほかに、読込速度・書込速度・転送速度・静音性・耐久性・デザインなどを目安に比較するとよい。

### ②USBメモリー

リムーバブル記憶媒体として定着し、最近では大容量・高速化が当たり前になってきた。最近の主流は4GB（ギガバイト）、8GB。16GB、32GB、64GBといった容量のものもある。またセキュリティを強化したモデルも増えて、データの暗号化や自動的にウィルス対策などが行える付加価値のついたUSBメモリも多数出ている。

### ③ポータブルSSD（ソリッドステートドライブ）

USBポートを使ってPCに接続して利用する。出先で使用することを想定しているので、小型・軽量（カードサイズ）、しかも容量が64GB・120GB・240GBといったように大きい。SSDはフラッシュメモリを使用してデータを記録するので。磁気ディスクから読み取る方式のHDDと比べると、アクセスが早く、落下等の衝撃にも強い。

### ④CD/DVDディスク

CDの記録容量は650MBと700MBが一般的。CDは、CD-ROMやCD-R、CD-RWといった種類がある。長期間保存する場合は、CD-ROMやCD-R、後から書き換えたり修正するような場合は、CD-RWを使うとよい。CD-ROMは読み取り専用。

DVDもいろんな種類があるが、DVD-RAMであれば約10万回の書き換えが可能なので容量も大きく（2.6GB・4.7BG・5.2GB・9.4GB が一般的）バックアップに適している。

## (2) クラウドサービスの利用

今やクラウドストレージサービス（クラウド上にデータを保存）は当たり前の時代になってきました。震災や水害、土砂崩れなど思いがけな

い災害にいつ遭遇しないとも限らない昨今では、一般の家庭でもリスク管理の一環として「遠く離れたどこか＝クラウド」でデジタル化した書類や思い出の写真などが保存でき、必

グーグルドライブ画面

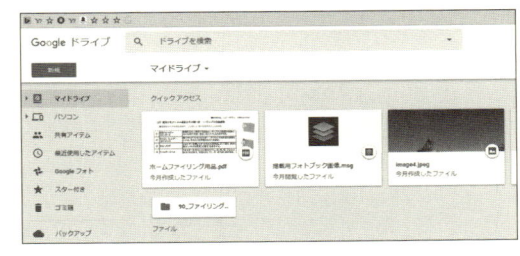

要なときに検索できればそれに越したことはありません。OneDriveやDropboxなどいろんなサービスがありますが、ここでは私も利用している比較的容易に着手しやすい「グーグル」が提供している「Googleドライブ」について紹介します。15GBまで無料で使用できます。私の場合は、現在ストレージの容量は100GBで、1カ月250円（税別）支払っています。増やす場合は、1TBは同1,300円、2TBは2,600円です（2018年1月31日現在）。

〈**Google ドライブの主なメリット**〉

① さまざまなファイルが保存できる

　パソコンで作成したワードやエクセルの文書、写真やデザイン、音楽、動画などさまざまなファイルを保存することができる。

② どこからでもアクセスができる

　ドライブに保存されたファイルには、スマートフォン、タブレット、パソコンのどれからでもアクセスできて使用できる。

③ ファイルやフォルダを共有化できる

　他のユーザーを閲覧やダウンロード、共同編集などに招待できてファイルを共有化することができる。ファイルをメールに添付する必要がない。

④ Googleドキュメントファイルを扱える

　これはOfficeスィート（文書作成・表計算・プレゼンテーション）を
すべてクラウド上で使えるというサービス。これにより、インターネッ
トさえ使えれば、いつでも文書の作成・編集・共同作業などができる。
⑤ セキュリティ面が強固である

　いろんなバックアップ方法を紹介しましたが、皆さんもぜひバック
アップを行いましょう。

# 7 メール整理のポイント

　ビジネスでもプライベートでもメールは欠かせないコミュニケーションツールです。メールの作成や送受信では「メールソフト」が必要になります。メールソフトは「メーラー」とも呼ばれ、電子メールの作成や送受信、メールを管理するためのアプリケーションソフトです。メールソフトを使うと、複数のメールアカウントを一括管理できたり、アドレスの管理、受信メールを複数の受信箱へ自動的に分類する（フィルタ機能）といった高度な使い方をすることもできます。メールソフトは、あらかじめインストールしてあったり、気に入ったものをパソコンにダウンロードしたり、あるいはウェブ上で実行したりというように、使い方はさまざまです。まずは自分が使っているメールソフトの機能や使い方を知ることが大切です。

　個人が自宅で使用する場合、マイクロソフトの「Outlook」やグーグルの「Gmail」などが代表的だと思います。Outlookでは、フォルダを作成して受信メールを仕分けすることができますが、Gmailではフォルダはなく、その代わりにメールに「ラベル」を付けて仕分けをしていきます。ラベルがフォルダと同じ役割を果たしており、複数のラベルを付けることも可能です。そのような違いがあるので、ここでは分けて述べます。

## （1）Outlookの場合

　受信トレイはいろんな情報が入ってくる入口になります。あらかじめ次ページのようなフォルダを作成し、特定のメールを標準機能で自動的に振り分けを行うフィルタ機能を使うとよいでしょう。自動仕分けできないようなケースは、1件ずつ手動で振り分けます。また、こまめな不要メールの削除はもちろんですが、配信停止の返信を出したり、受信拒否の設定なども行うとよいでしょう。

会社名で自動仕分け

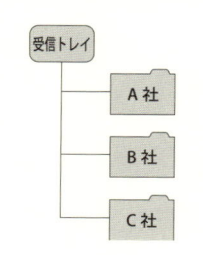

内容別に手動で振り分け

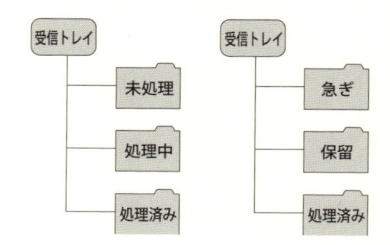

## （2）Gmailの場合

　雑多なメールも最初から「メイン」「ソーシャル（SNS関連）」「プロモーション（広告）」「新着」といったように自動的に仕分けされるので、「メイン」を優先的に見るようになります。膨大な機能があるGmailですが、特徴的な次の3つの機能に着目します。

### ①スレッド機能

　返信のやり取りを自動的に1つのスレッド（糸や筋、文脈の意味）にまとめて表示する。これにより関係者の一連のやり取りのメールがまとまり、混乱やミスを防げる。

### ②アーカイブ機能

　ファイリングでいうところの「書庫室」のようなもの。見終わったり処理済のメールであっても削除できないような場合、「アーカイブ」で保存しておけば再利用できる。受信トレイで未処理メールのみが残ればスッキリする。

### ③検索機能

　グーグルはもともと優れた検索技術をもった会社なので、Gmailでもその技術が存分に活かされており、受信トレイやアーカイブでも瞬時に必要なメールが検索できる。Gmailについていえば、ラベルでメールを細かく分類するよりもキーワード検索で対応したほうが現実的かもしれない。

## 8 | デジタル遺品の生前整理 ～今できる準備と対策～

　今までデジタルデータの整理について述べてきましたが、最近問題になっているのが「デジタル遺品」と呼ばれる、故人のパソコンやスマートフォンなどのデジタル機器や、インターネットクラウドなどに残された写真などのさまざまなデジタルデータの取扱いいです。30 ～ 50代の健康でバリバリ働いている世代の人でも、不慮の事件や事故、災害などは予見できません。デジタル機器やインターネットが普及した現代だからこそ発生する問題です。問題点としては次の3つの面があるでしょう。

① 故人がせっかく家族のことを考えて、生前にいろんな情報や自分の想い、住所録や写真などをデジタルデータに書き溜めて整理していても、パスワードなどがわからず家族が見ること（活用）ができない。

② デジタル機器の中に家族に見られては困るような写真やメール、閲覧サイトへの登録や履歴などが残っている場合。残る家族に驚きや悲しみ、また本人の尊厳に関わるようなことがあっても困る。

③ 金銭に絡むこと。故人が家族に内緒で財テクを行っていた場合や利用していたさまざまな有料サービスについての契約の解約など、何をどのように調べ、手を付けたらよいのか途方にくれる。

　そこで次のような対策をとるとよいでしょう。

### 対策1　リストを作成する

　メールやSNS（ツィッター、フェイスブックなど）のアカウントや、ネット取引をしている場合は金融機関の口座と取引用ID・パスワードといった全ての情報をまとめたリストを作成しておく。リストはパソコン内だけの保存だと万一の場合に遺族が確認することが難しくなるので、紙でもとっておく。118ページ「デジタル資産の覚書」参照。

## 対策2　信頼できる友人に依頼

　信頼できる友人に、自分の死後にSNSアカウントの削除やデジタル遺品の管理・処分してもらうことを生前に依頼する。

## 対策3　行政書士などの専門家に依頼

　行政書士などの専門家と「死後事務委任契約」を締結し、メールやSNSのアカウントなどの削除を依頼する。友人たちへの死亡通知も依頼することもできる。

（例）　1アカウントの削除ごとに1万円など

## 対策4　webサービスの利用

　グーグルアカウントの保有者なら「アカウント無効化管理ツール」をあらかじめ設定しておけば、自分の死後のアカウントの管理方法について削除を含めて事前に設定ができる。

### 〈どうしても困ったら〉

　遺族向けのサービスとして、次のようなサービスも登場している。

### ①デジタル遺品サポートサービス（大阪）

　葬儀大手の㈱公益社（大阪市）が日本PCサービス㈱と共同で始めたサービスで、故人のパソコンのパスワード解除やデータの取り出しなどを行う。全国展開している。

### ②一般社団法人デジタル遺品研究会ルクシー（東京）

　パスワードの解除などを手掛ける業者の仲介やデジタル遺品対策の啓蒙活動を実施している。

　いずれにしても「家族に伝えなければならない情報」と「家族に見てもらいたくはない情報」をしっかり区別して、それらの管理と処分方法について普段から注意深く考え、今から適切な対応を考えておくことが大切です。

# 第 7 章

# ライフストーリーを奏でる
# ものの整理

## 1 所有することの「意識改革」が必要

　戦後70年以上経過し、私たちの生活は豊かで便利になった一方、非常に物持ちになり過ぎて、それが家の中を圧迫し、精神的な負担やストレスを感じる人が多くなりました。戦後の物が不足した「何でもとっておく・モッタイナイ」時代から高度経済成長期の「消費が美徳とされた」時代、そして現代はネット社会の到来とともに、「いつでもどこにいても、必要なときに何でも手に入る」時代となりました。いつの時代も、物が増え続ける状況に変わりはありません。

　そのような状況から、昨今は不要なものを買い取りする業者やサービスが増え、リサイクルやフリーマーケット、寄付・寄贈といった不用品の受け皿が多様化してきました。「メルカリ」などスマートフォンを利用して、簡単に衣類や家電製品などの中古品が売買できるシクミが普及し、中古品取引の市場も急速に拡大しています。

　一方、「所有する」より「借りる」「レンタルする」「シェアする」といった考え方や、安ければ中古品でもOK、物を持たない生活といったライフスタイルの人たちも増えてきています。世の中の流れはこの10年ほどの間に、「所有すること」から「できるだけ身軽にスッキリ」、そして自分から手放していくなかで、同時にいろんな憂いや執着を捨てて、生活の潤いや生きる喜び、楽しみ、新しい価値創造といった方向へシフトしていきつつあります。

　4人に1人が65歳以上の高齢者となった現在、私たちは自分のためだけでなく、家族のことも考えながら「所有する」意味を考え直すときに直面しているといえるでしょう。思い出や執着にあふれた「ライフストーリー（人生の物語）を奏でるもの」（写真や本・雑誌、コレクション、思い出の品など）の整理は、私たちの意識改革をするのに最適な材料ともいえます。

## 2　意識改革のキーワードは「所有の目的」と「捨共流」

　物を所有することについての意識を変えるには、物と正面から向き合わないと答えが出てきません。ここでは、まず「所有する目的」について次のことを自分に問いかけてみましょう。

### Q1　なぜ、自分はこれを所有しているのか？

　「好きで自分で集めた」「親から引き継いだ」「人からもらった」「人から借りたまま」「最初からあった（存在していた）」など、いろいろあるでしょう。借りたものは返さなければなりません。また、ものによっては自分よりそれを有効に活かせる人がいるかもしれません。また使うつもりもなく所有しているのなら「死蔵」であり、必要ないでしょう。目的に合った必要なものだけ所有する方針でいきましょう。

### Q2　自分にとって、これは本当に大切で価値あるものなのか？

　ここがポイントになります。これを所有することによって「自分の心が満たされ、嬉しくハッピーな気持ちになれるかどうか」が分かれ目です。ものによっては嫌な思い出がよぎるもの、所有すること自体に費用や手入れなどの負担が発生する場合もあるかもしれません。また、自分にとって価値はなくても「人が欲しがったり」「金銭的な価値があるもの」なども考えられますが、価値判断は「自分主義」で下して、楽になりましょう。

　第1章で「3. ライフファイリングの『3つの柱』〜捨共流〜」について述べました。「捨共流」の考え方はライフストーリーを奏でるものの整理にもピッタリと当てはまります。所有の目的がハッキリしたら、「捨共流」の方針でそれぞれのものに適した処置を施していきましょう。

「捨」：いらない物は思い切って捨てる

「共」：共有することやどこかで活かされる物はそのようにする

「流」：物をいつまでとっておくか、また最終的にどのような処分（始末）をするのかといった流れをつくる

## 3 写真の整理（紙焼き・アルバム・データ保存など）

　現在では一般的なデジタル写真ですが、私の実感としては2000年前後からが急速に普及したように思います。写真整理について問題になるのは次の3点ではないでしょうか。どれを取り上げても非常に奥が深く選択肢が多いテーマですが、ここでは簡潔に述べます。

(1) 現在の紙焼き写真をどうするか？
(2) 現在の写真画像データをどう整理するか？
(3) 生きざまや思い出を奏でる写真を「どのように扱って」いくか？

　(1) については、次ページに紙焼き写真を整理する用品や方法などについて述べています。現在では大きなアルバムでさえ、フルフラットのスキャナーを使えば簡単にデジタル化することが可能です。デジタル化すれば、スペースセービングとともに、簡単にメールでも送付できて活用の幅が広がります。私も約90年前の祖父母の結婚式の写真をデジタル化し、従妹たちと共有することができて喜ばれました。

　(2) について、パソコン内で整理する場合は、フォルダの作り方がポイントです。撮影した年のフォルダを作り、その中でイベントや行事などのフォルダを作って整理します。旅行などテーマを絞った写真では、行先と時期を表示したフォルダを作るとよいでしょう。(1) (2) の両方に共通するのは「いらない写真は捨てる」ことです。同じようなポーズ、気に入らない、写りが悪いなど理由はいろいろあるはずです。

　ここで強調したいのは (3) です。写真データについては、次ページのようにフォトブックなどへの編集・加工が非常に手軽に、手頃な値段でできるようになりました。旅行、卒業式、学校や職場での思い出などをフォトブックにして配れば思い出の共有ができ、参加者の共感が増すことでしょう。「終活」を考えている人も写真で「自分史」を作り、この際写真の大幅なスリム化を行ってみてはいかがでしょう。

## 写真の整理方法例

（2018 年 3 月現在）

| 写真 | 整理用品など | 整理方法など |
|---|---|---|
| 紙焼き | ポケットアルバム | 写真店にあるようなシンプルなポケットアルバムに、どんどん入れていくだけでアルバムができる。 |
| | フリーの台紙アルバム | フィルムが付いたフリーの台紙アルバム。大事な写真を光や空気による劣化を防ぎ長期間保存するような場合に使用する。写真以外の切符やチケットなども一緒に保存できる。 |
| | 手作りアルバム（スクラップブッキングも含む） | 台紙やスクラップブックなどを使用。写真を好きな形に切って自由に配置したり、イラストや文字を入れて作る。自由度が高く、作る楽しみがある。 |
| | 写真ボックス | 手間をかけたくない人向け。小型のボックスなどにできるだけ入れておく。思い出の写真はきれいなボックスに入れて飾ることもできる。 |
| | 写真立てやフォトフレーム | 写真立てやフォトフレームに入れて、棚や壁などに飾る。 |
| 画像データ | フォトブック（ハードカバー）* | 旅行写真や子供の一年間の写真など、思い出別に気に入った画像データをパソコンから選んで本に仕上げることができる。24 ページから最大 120 ページまで 2 枚ごとに追加可能。ハードカバーでフルフラット（2 ページにまたがる写真も継ぎ目 180 度展開可能）。参考価格：3,218 円（税込み、A5 判、縦 24 ページ）。 |
| | ライトブック（ソフトカバー）* | 写真を撮った時期に合わせてデータで読み込み、まとめて編集し、1 冊の本にできる。写真のまわりの余白にメッセージなどを記入できる。撮りだめた写真の整理に適している。サイズは A5 とスクエアサイズ。参考価格：1,296 円（税込み、A5 判、30 ページ）。 |
| | フォトグッズ* | トートバッグ、T シャツ、マグカップ、インテリアフォト、フォトカレンダーなど画像データをもとにいろんなグッズが作成できる。 |

* 参考：パレットプラザ　https://www.80210.com/service-list.html#photogoods

## 4 本や雑誌の整理

　本や雑誌は必要なときにすぐ手に取って見たいものです。とはいえ家の中でどんどん増えてくるので、整理する方針を決めておきましょう。

### (1)「捨てる基準」をもつ

　「内容が陳腐化している古い本」「いつか読むつもり、と買ってから積読状態の本」「本棚の奥に置いたままの忘れ去った本」「後で読み返したいとき→電子書籍になっている本」「後で必要になったとき→図書館にある本」などは捨てられる。また、情報にはずっと「変わらない情報」と「今の情報」の2種類があります。今の情報は最新を残し、変わらない情報は定番情報としても都度取り上げられる可能性が多いので、溜まってきたら捨ててもよいでしょう。なお、グルメや旅行ガイドは「今の情報」ですが、1年以上前のものは捨てる選択もあります。

### (2)「残す基準」も明確にする

　「捨てる基準」も大切ですが、「残す基準」も明確にすると、所有目的がハッキリします。「仕事で使う本」「よく見る本」「図書館には置いていない本」「持っているだけで心が豊かになれる本」「いただいたり、思い入れが強い本」「絶版など、二度と手に入らない本」など。

### (3) 増やさない工夫をする

　図書館や電子書籍を利用する、情報の信頼性を見分けながらネット情報を活用する、中古本を利用する（同じ本でも値段が安いので新品より捨てやすい）などの方法があります。なお、まだ一般的ではありませんが、本を1ページずつ裁断してスキャナーで取り込み、タブレットなどで読めるようにする方法もあります。

## （4）活かされる本の処分方法

　本の処分方法は捨てるだけでなく、いろんな知識を伝承する書物として「次の人に活かされる」ような流れを作りたいものです。

### ①人にあげる

　相手が欲しがるジャンルのものであれば喜ばれるでしょう。与えるのではなく、相手に「もらってもらう」という心配りが大切です。

### ②寄付・寄贈する

　インターネットで「図書寄贈のお願い」などで検索すると多くの図書館などで寄贈を呼びかける記事を見かけます。出版後およそ5年以内の図書や予約の多い図書、子供たちに人気がある児童書などを募集しています。

### ③売る

　古書店などに直接持ち込まなくても、ダンボールに詰めれば無料で集荷してくれるサービスを行う買取業者もあります。また、売ったお金を自然保護団体などへの寄付に替えることができる業者もあります。

## （5）処分できない場合

　どこかに預ける。96ページでも紹介したトランクルームなどを利用する。私が利用している倉庫業者は本専用箱を用意しています。1箱に文庫本100冊、A4サイズ本なら30冊程度入ります。リストを作成して時々チェックするとよいでしょう。

　いろいろ書きましたが、本や雑誌を減らす一番のコツは、書かれていることを自分自身で身につけることです。

私の秘蔵本
三沢仁著『ファイリングシステム』
（絶版）

# 5 コレクションの整理

あなたは何かコレクションとして大切にしているものがありますか？私は日本酒を飲むための「マイグラス」（ガラス製の小さなグラス）を50個ほど集めています。また、100冊ほどあるアメリカで購入したさまざまなデザインのフォルダーやファイル用品なども、大切な私の宝物です。私はコレクションをする人には次の4パターンがあるように思います。

## (1) コレクターの4つのパターン

① 本当に好きで、知的好奇心や欲求をもって集めるタイプ

② コミュニケーションツールとして集めるタイプ

③ 子供の頃にかなえられなかった夢をコレクションで実現するタイプ

④ 社会認知欲求を、コレクションで満たそうとする代償行為タイプ

私のコレクション「マイグラス」は明らかに②で、日本酒を愛飲する友人たちとのコミュニケーションツールに他なりません。ですから、もうこれ以上増やすつもりはありません。一方、ファイル用品の類は①だと思います。この分野での好奇心はまだまだ旺盛で、アメリカ旅行の楽しい思い出というストーリーを持つものでもあり、セミナーで使用したり、お気に入りはリビングの目立つ場所に飾ってあります。

③④については、それぞれに心理が見え隠れします。例えば③については、子供の頃に欲しくても親に買ってもらえなかったキャラクターグッズなどを大人になってから買い集めるわけですが、親や環境の抑圧が現在まで影響し、当時の葛藤を払拭するために買い集める姿が浮かびます。④については人に認められない、現状に満足していないはけ口をコレクションで満たそうとしている代償行為です。不満が続く限り収集は続くでしょう。

興味がない人にとっては無駄な物やお金の無駄遣いに思えるコレク

ションも、集めている人にはその人なりの理由や心理があるわけで、歯止めをかけるには、それを見極める必要があります。

## (2) 残されたコレクションをどうするか

　昨年私は、元上司のTさんが亡くなり、その通夜に行きました。そのとき棺の上の花に大きくきれいなアゲハ蝶がとまっているのを見てドキっとしました。実はTさんは生前、蝶の採集を趣味にしていたのです。生前同僚たちと一緒にご自宅に伺った際、書斎の壁一面に整然と標本箱がズラリと並んでおり、すべての箱にきれいな蝶が入っていたのには一同皆びっくり。息子さんがアゲハ蝶を棺に飾られたのですが、蝶と一緒に旅立つTさんの優しい笑顔が目に浮かびました。ただ残されたコレクションの管理には息子さんも頭を抱えているようです。

　蝶のコレクションで私が思い出したのは「平和・トンボ資料館」（池袋）館長の白石浩次郎さんです。残念ながら2010年9月に白石さんが亡くなり、それとともに閉館しましたが、白石さんが会社勤務の傍ら日本全国から苦労して集めたトンボ約200種類が雌雄一緒に展示されていました。日本に生息するのが約210種類なので、そのほとんどを収集されていたのです。

　白石さんと私が出会ったのは20年ほど前、石垣島から西表島に向かう船の中でした。釣竿のようなものを持った白石さんに私から声をかけましたが、それは釣竿ではなく西表島のトンボを捕まえるための捕獲網だったのです。白石さんのトンボコレクションは奥様を通じて東京大学総合研究博物館に寄贈され、「白石浩次郎昆虫コレクション」として「知の共有財産」となりました。このような例はまれだと思いますが、その人の生きざまが感じられるようなコレクションは、生前のうちに本人がどのように始末するのかを決めて、家族に伝えておくべきです。きっと心の安寧が得られることでしょう。

# 6 | 思い出の品の整理

## （1） 捨共流チャートで判断する

　思い出の品をなかなか捨てられない人が多いと思います。一言で「思い出の品」といっても、子供が描いた絵や作品もあれば、昔スポーツ大会で優勝したときのトロフィー、卒業証書、大切な人からの手紙、女性ならば母親から受け継いだ着物、あるいは昔付き合っていた人からもらったアクセサリーなどいろいろあることでしょう。私は良い思い出は大切にしたいと思っています。また「良い思い出を呼び起こす品」は可能な限りリアルな現物を残しておきたいほうです。逆に「ネガティブな記憶を彷彿とさせる品」は目の前から消し去りたいと思っています。そして一番大切なことは、心の眼をしっかり見開いて思い出を心の印画紙に焼き付けておくことだとも思っています。思い出の品は記憶を呼び起こすトリガー（引き金）にしかすぎないのです。

　思い出の品も多くの場合ほとんど見る機会がなく、押し入れの片隅で忘れ去られた状態が多いのも事実です。ここでは思い出の品を整理するために役立つ「捨共流チャート」（次ページ）を紹介します。思い出の品の取扱いを決めるにあたり、「ハッピー度」の大きさと、「現物」か「非現物でもよい」の程度で４つに区分してあります。「殿堂入り」のところに入るものが、自分にとって本当に価値ある大切な思い出の品になります。「共」は着物やアクセサリー、本など、リサイクルや買取りなどの処分で活かせるもの。「流」は子供の作品や思い出の手紙など、デジカメやスキャナーでデジタル化した後で現物が捨てられるようなものです。見られなくなった昔のビデオテープなどもカメラ店でDVDにダビングできます。「捨」は持っていてもさほどハッピーな気持ちにはならないので捨てられるものです。さあ、過去より今の自分のために思い出の品をスッキリと整理して身軽になりましょう！

**捨共流チャート**

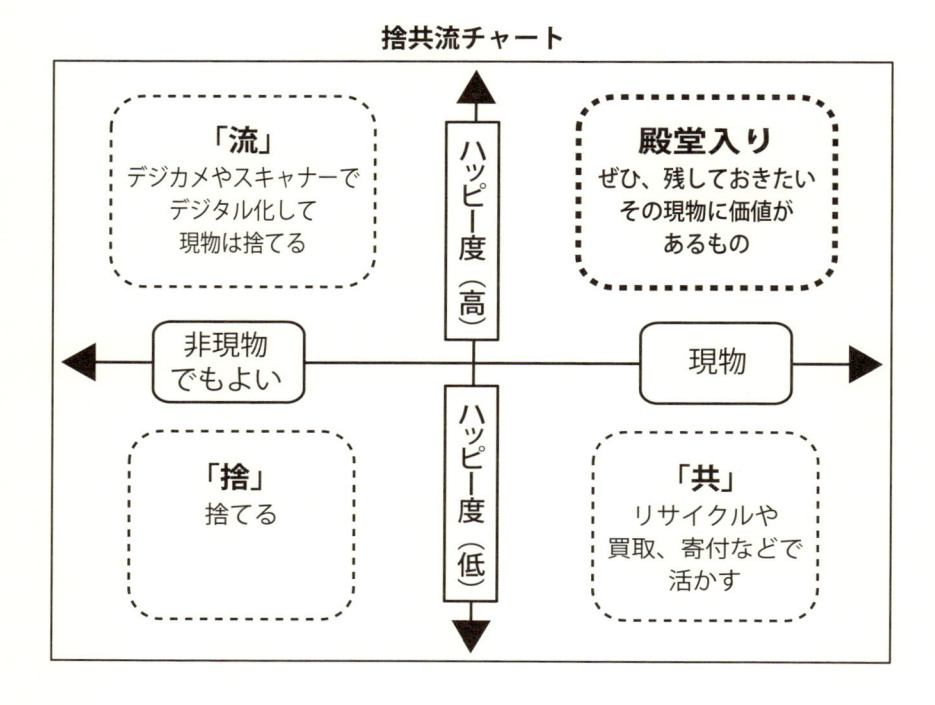

「流」
デジカメやスキャナーで
デジタル化して
現物は捨てる

殿堂入り
ぜひ、残しておきたい
その現物に価値が
あるもの

非現物
でもよい

現物

ハッピー度（高）

ハッピー度（低）

「捨」
捨てる

「共」
リサイクルや
買取、寄付などで
活かす

## （2）思い出箱のエネルギー

　私には大切にしている赤い漆塗りの「思い出箱」があります。その中には、私が学生時代に住んでいたアパートの大家Ｙさんからいただいた自作の動物や花の版画作品がたくさん入っています。カメラマンだったＹさんは、当時下宿している私たち

Ｙさんの形見

をリビングに集めて蛇皮線を弾きながらシルクロードのスライドを上映したりする非常に洗練された文化人で、下宿していた私たちに良い刺激を与えてくれました。かなり前にＹさんは亡くなりましたが、Ｙさんの作品を見ていると心がホッコリと元気になります。良い思い出の品は、良いエネルギーをもっているようです。

## 現役時代のものの整理（洋服、靴、カバンなど）

　現在「高齢者雇用安定法」の施行により、企業では希望者全員を65歳まで雇用する義務があります。実際定年に到達した人たちの動向はどうなっているのでしょう。調べてみると次のような調査結果がわかりました。

　厚生労働省の「高年齢者の雇用状況（平成29年6月1日現在）」によると、60歳定年企業において、過去1年間に定年に達した人のうち、

- 継続雇用された者　84.1%
- 継続雇用を希望しない定年退職者　15.8%
- 継続雇用を希望したが継続雇用されなかった者　0.2%

　このように、全体の約84%の人が継続雇用されています。また70歳以上まで働ける企業も全体の22.6%を占めています。私たちが働く期間は徐々に伸びています。しかし、個人差はあってもおおむね60歳ごろを境に、仕事、ライフスタイル、健康面、その他の環境などに徐々に変化が現れてくるのではないでしょうか。そういう意味で60歳ごろは「人生の整理どき」だと思い、一度リセットして洋服や靴、カバンといった身のまわりの物について考え直すよいチャンスです。

### (1) 自分のライフスタイルを再構築する

　ライフスタイルにはいろんな意味がありますが、生活の様式、または人生観・価値観・習慣などを含めた「個人の生き方」ということです。

　「ライフスタイル＝個人の生き方」というのはちょっとオーバーに感じるかもしれませんが、積み重ねた日々が知らず知らずのうちに自分のライフスタイルを形成しています。それを今度は自分で意識的に見直し軌道修正、ちょっと違う生き方をしたいのであれば、これから変えていけばよいのです。人の所有する持ち物は「生き方で変化」してくるはずです。128ページの「自分への問いかけシート」がヒントになることでしょう。

## （2）不要な洋服を捨ててスッキリする

　洋服を捨てる判断基準は下の表のように比較的明確です。「確かに！」と納得すれば整理に拍車がかかるので、物の整理は洋服から着手するとよいでしょう。「洋服は第二の名刺」でもあります。整理の後は少しオシャレをお勧めします。

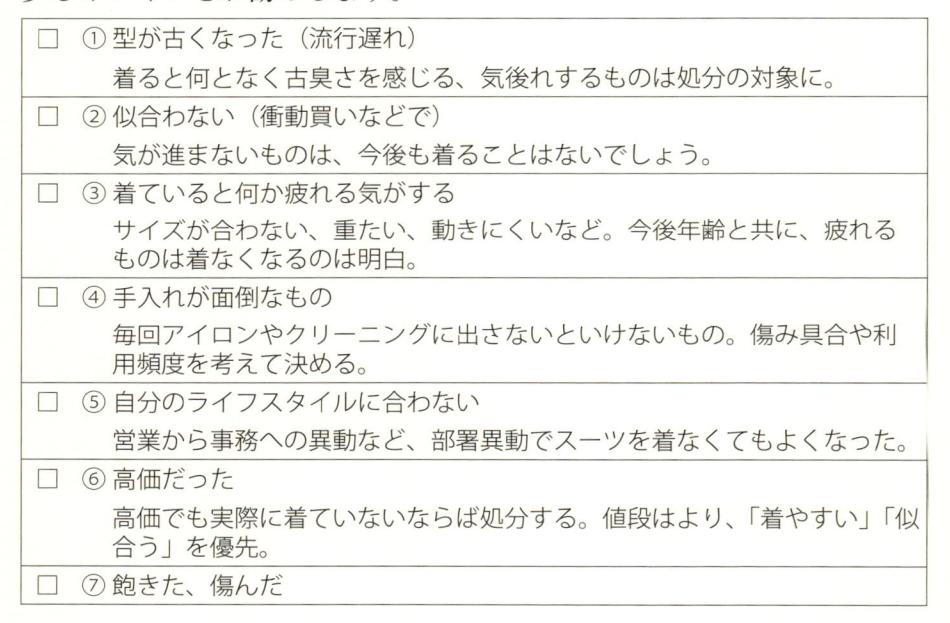

| | |
|---|---|
| □ | ① 型が古くなった（流行遅れ） |
| | 着ると何となく古臭さを感じる、気後れするものは処分の対象に。 |
| □ | ② 似合わない（衝動買いなどで） |
| | 気が進まないものは、今後も着ることはないでしょう。 |
| □ | ③ 着ていると何か疲れる気がする |
| | サイズが合わない、重たい、動きにくいなど。今後年齢と共に、疲れるものは着なくなるのは明白。 |
| □ | ④ 手入れが面倒なもの |
| | 毎回アイロンやクリーニングに出さないといけないもの。傷み具合や利用頻度を考えて決める。 |
| □ | ⑤ 自分のライフスタイルに合わない |
| | 営業から事務への異動など、部署異動でスーツを着なくてもよくなった。 |
| □ | ⑥ 高価だった |
| | 高価でも実際に着ていないならば処分する。値段はより、「着やすい」「似合う」を優先。 |
| □ | ⑦ 飽きた、傷んだ |

## （3）ネクタイや時計、カバンは「2年以上」使わなければ処分する

　ネクタイや時計、カバンについては値段が高価であまり流行に左右されませんが、「いつか使えるかも……」は禁句。2年以上使用していなければ処分の対象です。

## （4）靴は「週1回履いているか」が目安

　靴も上記の洋服の捨てる基準と共通したところがあります。ただ「履けるかどうか」よりも「どのくらい履いているか」という視点が大切です。傷み具合の進んだものは処分しましょう。オシャレは足元から。

# 第8章

# 思考や頭の " 気がかり " を
# 整理する、小野式マイパネル

# 1　「小野式マイパネル」で頭の中の"気がかり"を整理する

　人間誰しも、大なり小なり何かしら"気がかり"なことを抱えている
ものです。それが仕事のことであったり、自分自身や家族のプライベー
トなことであったり、また重大なことであったり、些細なことであった
り、それらは同時進行で頭の中で渦巻いているはずです。悶々としてい
るだけでは解決の糸口は見つかりません。毎日をイキイキ過ごすには、
頭の中の"気がかり"を一度全部吐き出して整理し、落ち着いて全体を
俯瞰してみることです。そして、優先順位を決めて、やるべきことをク
リアにしていくことが大切です。

　ここでは私が考案したA4サイズのフォルダーを使った頭を整理する
方法である「小野式マイパネル」を紹介します。いろんな活用方法があ
るので、最初に基本の「ToDo（やるべきこと）パネル」と「優先順位決
めパネル」を紹介し、続いてさまざまな応用事例を紹介します。

## （1）"ひらめき"から生まれた「小野式マイパネル」

　私がこの方法を思いついたのは、オフィスでパソコンのまわりにフセ
ンをペタペタと貼っている光景をよく見かけていたからです。フセンに
書かれているのは、仕事のやるべきToDoや覚書きの類。それは、見栄
えがよくないし、何より大切なToDoのフセンがどこかに飛んでいくの
ではと心配でした。

　そこでひらめいたのが、A4フォルダーを開いてA3サイズにし、その
サイズをパネルにして、フセンを貼って管理する方法です。黒いフレー
ムライン（枠線）をパネルに引いて、"期限"や"進捗状況""重要度"が
わかるように表示すれば、一目で状況が「見える化」されて、一挙両得
です。簡単に作れて、外出時も持ち歩きができ、何よりお仕着せではな
く、自分に一番マッチしたものが作れるのです。

## 2 　準備するもの

### ① A4サイズのフォルダー

　色は何色でもよい。ピンクやブルーといったカラーフォルダーを使うと目立つので効果的。仕事とプライベートで区別することもできる。

### ② 黒い製図用テープ（太マジックで代用してもよい）

　開いたフォルダーにフレームラインを引くのに使用する。マジックでもよいが、製図用テープなら剥がして修正できるので便利。幅は3〜5mm。基本的なフレームは5mmがお勧め。色は黒1色のほうがよい。

5 mm幅のテープ

いろいろなラベルシール

### ③ フセン（付箋）とラベルシール

- フセンはやるべきものごとを"書き出し""流動化"するために使用する。紙製でサイズは7.5cm×2.5cmや5cm×1.5cmがお勧め。色は1色でもよいが、"重要度""内容"などで色分けするとさらに効果的。

- ラベルシールはパネル上に"表示する項目などを記入する"のに使用する。サイズも色もさまざま、白地に青や赤の枠が印刷されたものもある。必要に応じて使用する。パソコンなどで自作もお勧め。

### ④ その他

　30cm程度の定規、筆記用具、ハサミなど。

## 3　パネルの作成方法と使い方

　ここでは下の写真「基本パネル 1：ToDo パネル」を事例に、作成方法と使い方について述べます。

① フォルダーを下の事例のように見開きにし、縦と横にフレームラインを引く

② ラベルシールに「1 カ月」「1 週間以内」などの期限（項目）を表示して中央部分に貼る。

③ やるべきことを書いたフセンは、次ページの図の矢印のように動いていく。重要度が高いものはフセンの色を変えて目立たせるとよい。

④ 仕事用とプライベート用とでフォルダーを分けて作ってもよい。もし 1 冊を仕事とプライベートの両方で使うなら次のような 3 つの方法がある。

- 小さくなるが、左右のページを公私で分けて使う（フレームは同じように作る）

- それぞれの項目を公私で分ける（線を引くなど）

- フセンの色を公私で分ける

### 作成事例（基本パネル 1：ToDo パネル）

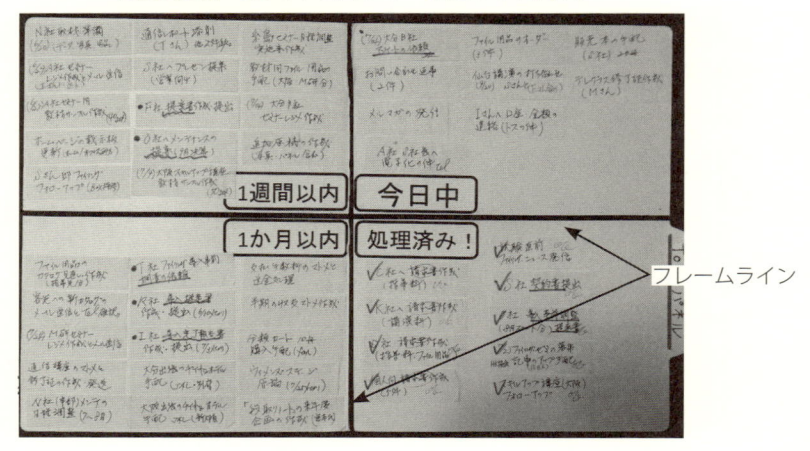

## 「**基本パネル1：ToDoパネル**」作成方法　その1

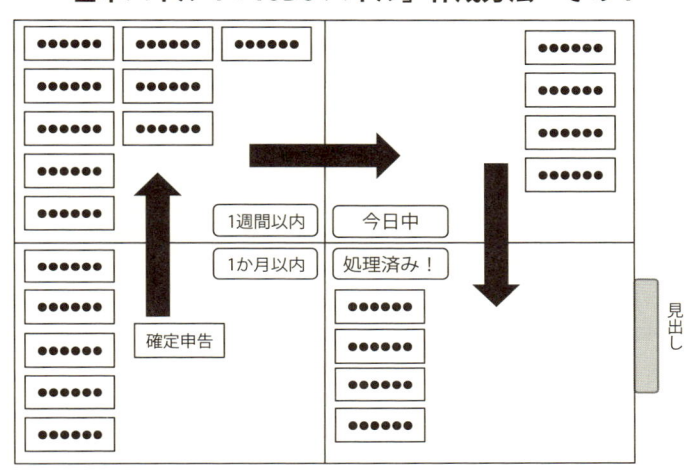

　次は「基本パネル2：優先順位決めパネル」を2つ紹介します。

　次ページ上のパネルは「緊急度」と「重要度」の2つの視点で「するべきこと」の優先順位を決めていくものです。優先順位決めに迷ったら、するべきことをすべてフセンに書き出して、該当するエリアに貼ってみましょう。優先順位1番はもちろんですが、「優先順位3番」は時間がたつと「優先順位1番」に化けてきます。早めに着手することが肝心です。

**☆ワンポイント：**

　縦軸の「重要度」はそのままで、横軸を「生活への影響度」にすると、生活面での優先順位決めのパネルができます。

### 「緊急度」と「重要度」の２つを軸にする

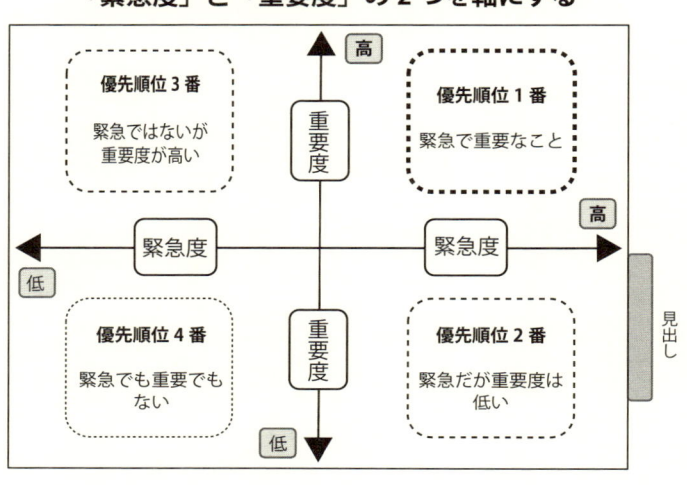

　下のパネルは上記のフレームを左側に、右側は「実行期限」を入れたものです。太い点線矢印のようにフセンを動かして、「やるべきこと」を具体的な期限の場所に移動して、「行動」へとつなげていきます。

### 「基本パネル１：ToDoパネル」作成方法　その２

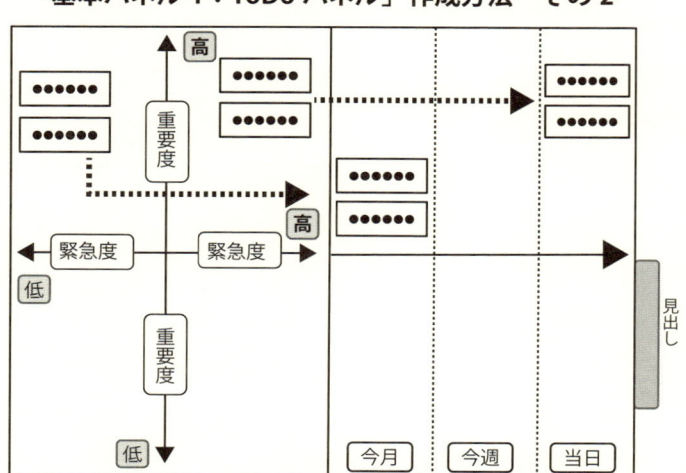

# 4　それぞれの"気がかり"を「見える化」するパネル

　"気がかり"の整理パネルを作成するにあたり、準備するものや作成方法は前述のとおりですが、フレームラインの作り方に少し工夫が必要です。何しろ"気がかり"というものは人によって千差万別ですから。次のように作るとよいでしょう。

① 自分の頭の中で日ごろから気にかかっていることについて「大分類」的な項目を書き出す。この段階ではあまり細かく考えず、例えば「仕事」「家族」「子供」「実家の親」「引っ越し」「転職」「定年後」「自分のやりたいこと」といったような大雑把なくくり方でよい。

② 書き出した項目を見て、自分の頭の中で占めるそれぞれの割合をざっくりイメージしてみる。例えば、自分自身のこと（50%）、家族のこと（30%）、実家のこと（20%）など。

③ 下書き用の紙を準備してフレームラインの下書きを行う。

・ フォルダー上の各項目の広さや割合などは、②を参考に考える。この段階で①の項目を細かくし、「中分類」を作成してもよい。例えば「子供」が2人いれば、子供ごとに分けるなど。フセン1枚に1つのやるべきことを書くので、それを念頭におく。

・ フォルダーを開いた際の右半分（右側）に原則ウエイトが高いメイン項目や自分に関する項目を配置する。

④ 下書きを見ながらパネルの作成を行う。市販のシールやイラストなどを入れて、楽しいものを作るとよい。

## 5 マイパネルの作成事例

〈ケース1〉30代後半女性。仕事と家族や地域とのバランスを考え
　ながら、忙しいなかにもプライベートを大切にしたいという想い
　がうかがえる。

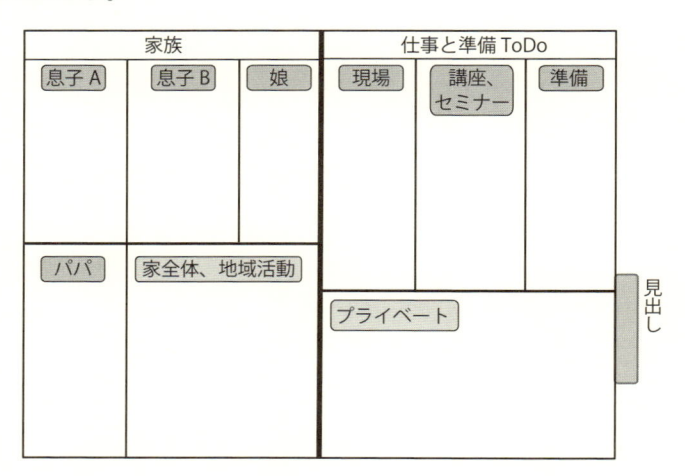

〈ケース2〉40代半ば男性。自分のことはもちろん家族全員のこと
　を細部まで考える、よき父親ぶりがうかがえる。

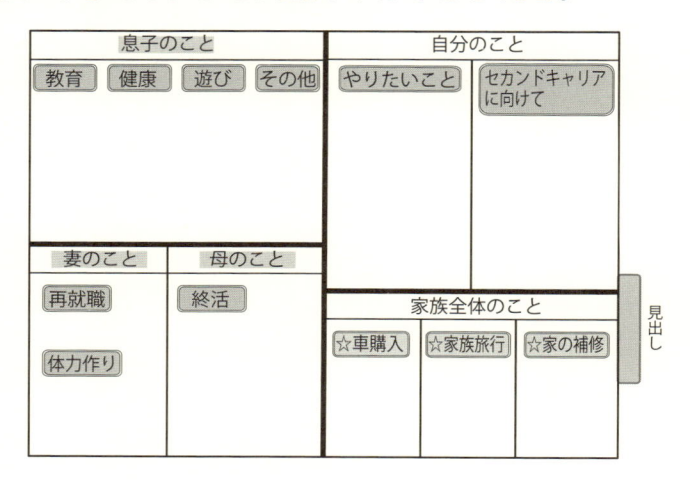

〈ケース３〉20代後半女性。右下にWish list（やりたいことリスト）を取り入れたパネル。ブログネタ収集など、好奇心旺盛な生活ぶりがうかがえる。

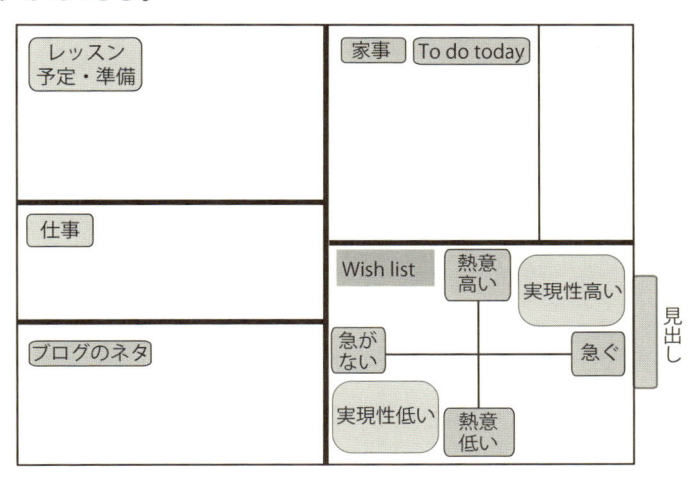

〈ケース４〉40代前半女性。4月から再就職。それまでの準備とその後のテーマ欄まである。右半分1面が夢をかなえるためのアプローチ用スペース。とても現実的で前向きさを感じる。

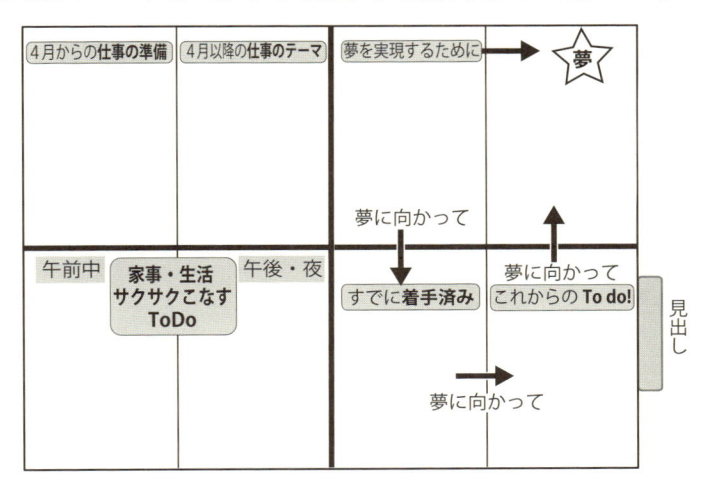

〈ケース5〉50代後半女性。数年後に定年を控え、そのときにはお世話になった人たちを招待する「感謝の夕べ」を今から企画している。旅を楽しみ友人関係を大切にする姿がうかがえる。

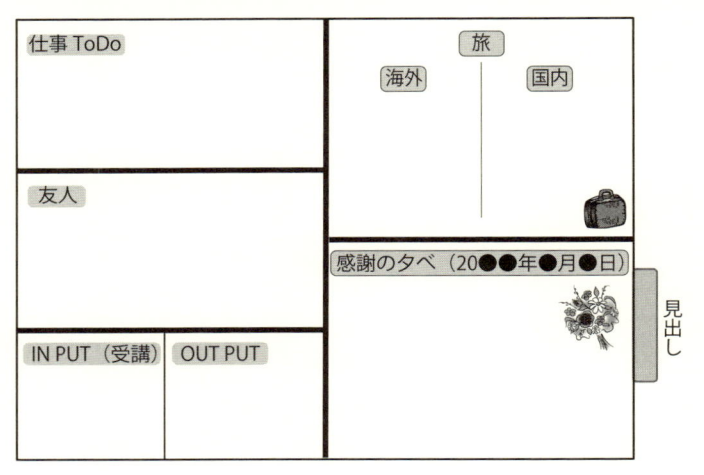

〈ケース6〉60代後半、研究者の女性。旺盛な研究心とととともに、「終活」の準備や息子さんのことも気がかりな様子がうかがえる。

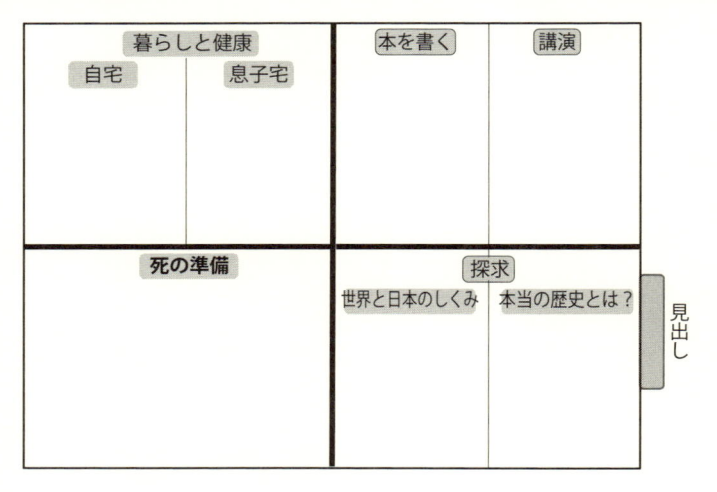

**〈ケース7〉40代半ば男性。大学院でMBAの取得を目指している。2年間で学ぶ選択科目の選び方に迷って、整理するために作ったパネル。大学の勉強や資格取得などの場合にも応用できる。**

| MBA 基本科目 | | | | その他の科目 | | | |
|---|---|---|---|---|---|---|---|
| **2018 年** | | 2019 年 | | **2018 年** | | 2019 年 | |
| 前期 | 後期 | 前期 | 後期 | 前期 | 後期 | 前期 | 後期 |
| | | | | | | | |

| 不動産関係科目 | | | | 金融関係科目 | | | |
|---|---|---|---|---|---|---|---|
| **2018 年** | | 2019 年 | | **2018 年** | | 2019 年 | |
| 前期 | 後期 | 前期 | 後期 | 前期 | 後期 | 前期 | 後期 |
| | | | | | | | |

見出し

　以上、紹介したのはごく一部の事例です。ぜひあなたもマイパネルを作って、自分の"気がかり"を「見える化」そして「俯瞰」し、次の行動へと気持ちを駆り立ててください！

# 第9章

# ライフファイリングを
# 維持・定着させるために

# 1　3つのタイミングで見直す

　ファイリングを維持・定着させるためのタイミングには、「日々の習慣」「定期的な見直し」「時間があるときの見直し」といった3つがあります。

## (1)「日々の習慣」

　第3章「3. ファイリングの5つの基本動作を身につける」で述べた「捨てる」「分ける」「見出しを表示する」「並べ替える」「元に戻す」という説明が参考になります。さらに追加のポイントを述べると、「捨てる」ことについては書類が手元にきたら3秒以内で捨てるか残すかの判断を下すことと、不要なDMや案内などは発生源を断っていらない情報が入ってこないようにすることです。メールの場合も同様ですが、発信元に断りの連絡を入れるとよいでしょう。

## (2) 定期的な見直し

　「日々の習慣」以外に月単位、年単位といった2つのタイミングがあります。

### ①月1回の見直し

　ファイリングの状況をざっと見て、未処理や処理済みのものをチェックする。またフォルダーが未作成のものは作成し、分厚いフォルダーは分冊する。ラベルがないものは貼る。捨てるものが溜まっている場合は廃棄する。

### ②1年に1回の見直し

　オフィスの場合は、新年度を迎える前に定期的な整理を行いますが、家庭の場合は1月に入って2月の確定申告の前、3月の年度末などがタイミング的にはよいと思います。自分の状況に合わせて決めましょう。

## (3) 時間があるときに見直す

　ゴールデンウィークや夏休みなどの時間があるときや、仕事が一段落ついたときなどに見直すとよいでしょう。普段でもボックスファイル1冊ずつならば、見直しは楽です。雨の日などもゆっくり集中できるのではないでしょうか。

**見直しのタイミングの例**

| 月 | 見直しの時期 |
| --- | --- |
| 1月 | 確定申告の前 |
| 2月 | ↓ |
| 3月 | 年度末 |
| 4月 | |
| 5月 | ゴールデンウイーク |
| 6月 | |
| 7月 | 夏休み |
| 8月 | ↓ |
| 9月 | |
| 10月 | |
| 11月 | |
| 12月 | 年末 |

## 2　人生のターニングポイント（転機）を見逃さない

　前項で見直しの「3つのタイミング」について述べましたが、自分の人生に直接関わってくる大きな見直しのタイミングは「人生のターニングポイント」です。社会人になる、結婚、出産、転勤、転職、マイホームを買う、病気、介護、定年など、人それぞれ何回も迎えることになります。ターニングポイントの前後が「情報の収集（準備）」と「後片づけ」のタイミングです。

　例えば、会社で大きなプロジェクトが発生したら、計画を立案し、それに関わる人や予算を確保し、具体化して実施段階へと進みます。それと同時に、情報をあらゆる方面から収集・分析します。またプロジェクトが終われば、集めた資料を整理して報告書にまとめ、最終的にいらないものは捨て、必要なもののみ残します。また報告書や資料などは、次の仕事に役立てたり、後で活用できるようにデータベース化して共有されることでしょう。

　私たちも一人一人が「自分カンパニー」のオーナー社長で、それぞれのライフステージ（人生舞台）で「主役」を張っているのです。人生のターニングポイントで集まってきたいろんな情報を取捨選択し、不足していれば加え、最適な判断が下せるように情報を整理します。整理しなければ全容を俯瞰し把握することができません。俯瞰することで行動の優先順位が付けられるのです。人生のターニングポイントを迎えたら、忙しい時期であっても、最優先でライフファイリングに取りかかりましょう。そして、必要なものだけ厳選して残しましょう。

　実は私も、所有するマンションの建て替えという、今後の人生に直結する最大のターニングポイントに差しかかっています。選択肢がいろいろあるだけに迷いも多いのですが、集まった資料をもとに第8章で紹介したマイパネルで状況や収支を整理し、判断を下すところです。

# 3 すき間時間の上手な使い方

　人生は時間の積み重ねです。ビジネスマンに限らず、どんな人でも時間の使い方は大切です。「効率よく暮らしていく」ということは「時間を有効に使う」ということでもあります。

　そこで一日の中で発生する「すき間時間」の上手な使い方について考えてみました。5分あれば何ができるか、10分あれば……というようにライフファイリング版でまとめたのが下の表です。みなさんも自分の場合は何ができるかを考えて、自分用のすき間時間の活用表を作ってみてはいかがでしょうか。これは時間の整理の第一歩です。

| 時間 | できること |
|---|---|
| 5分あれば | ・ToDoリストを書いたり、見直す |
|  | ・メールチェックや簡単な返信 |
|  | ・スケジュールの確認や書き込み |
|  | ・パソコンのデスクトップの整理 |
|  | ・いらない書類を捨てたりシュレッダーで処分する |
|  | ・気分転換の体操や精神集中 |
| 10分あれば | ・メールを読んで返信 |
|  | ・電話を入れる |
|  | ・机の上や引出しの片づけ |
|  | ・インターネットで調べもの（交通ルートや訪問先の情報など） |
|  | ・切り抜き記事や情報を読む |
|  | ・コーヒーブレイク（一休み） |
|  | ・書店をのぞいてみる |
| 30分あれば | ・簡単な事務作業 |
|  | ・請求書や領収書の整理など |
|  | ・礼状や季節のあいさつ状などを書く |
|  | ・語学学習など |
| 1時間あれば | ・急ぎではない後回しにしていた仕事や用事に着手する |
|  | ・企画書や提案書などの（案）を考え、下書きを作る |
|  | ・本を読む |

# 4 習慣化するための「マイルール」を作る

　人それぞれに年齢やライフスタイルが違うのは周知のとおりです。しかし、日常生活のあらゆる場面で整理・整頓の必要性のあることは誰しも認めているはず。下の表は、ビジネスマンの事例で、整理・整頓について習慣化するためのマイルール用チェックリストです。子育て中のワーキングマザーであれば「出社前」「出社後」。ダブルジョブで仕事をもつ人はそのジョブごとなど、それぞれの立場に応じて整理・整頓を習慣化するためのオリジナルのマイルールを作るとよいでしょう。

| いつ | | 行うことや注意すること |
|---|---|---|
| 出社したら | ☐ | 10分以上前に出社したか |
| | ☐ | 机の上を拭いたか |
| | ☐ | パソコンの画面を拭いたり、キーボードの掃除をしたか |
| | ☐ | 今日の予定や仕事を確認したか |
| | ☐ | メールを見たか |
| | ☐ | 郵便物を確認したか |
| 仕事中 | ☐ | 優先順位を考えて仕事をしているか |
| | ☐ | 話をする前にポイントをまとめたか |
| | ☐ | 打ち合わせや会議では、必ずメモをとったか |
| | ☐ | うっかりミスをしないように注意しているか |
| | ☐ | メリハリのある時間の使い方をしているか |
| | ☐ | すき間時間を有効に使っているか |
| | ☐ | 日報などはその日のうちに仕上げたか |
| 帰る前に | ☐ | 使った書類や資料などは元の場所に戻したか |
| | ☐ | やりかけになった書類は「懸案フォルダー」などに入れたか |
| | ☐ | 机の上やまわりはスッキリしているか |
| | ☐ | やり残した仕事はないか |
| | ☐ | メールの返信もれや受信トレイを確認したか |
| | ☐ | 明日行う仕事の確認や段取りを整えたか |
| | ☐ | ゴミは捨てたか |

# 第 10 章

# 人生をイキイキ、夢をかなえる 「10」の秘訣

# 1　今の自分の「心の声」を取り上げる

　今まで書類の整理から始まり、思い出の品や頭の中の"気がかり"まで整理する方法について述べてきました。ライフファイリングでは、整理や整頓は「目的」ではありません。スッキリ快適で安全・安心、憂いのない生活を目指すための手段なのです。結果として手に入れたスッキリした空間や頭は、私たちに前向きな準備や行動をとらせてくれます。ちなみに几帳面なお国柄といわれるドイツには「整理・整頓が人生の半分」ということわざがあります。残る半分は「人生を楽しむため」という意味が込められているそうです。ライフファイリングも同様、憂いをなくして人生がイキイキ楽しめることを最終目的としています。

## (1)「やりたいことリスト」を書いてみる

　皆さんは「最高の人生の見つけ方（原題The Bucket List）」という2007年のアメリカ映画をご存じでしょうか。余命6カ月、死の宣告をされた2人のシルバーエイジの男性が「やりたいことリスト」を実行しながら残された人生を前向きに過ごし、友情を築いていく映画です。オスカー受賞の俳優ジャック・ニコルソンとモーガン・フリーマンが初共演した話題の映画です。原題の「The Bucket List」は「棺桶リスト」という訳ですが、死ぬまでにやりたいことのリストを意味しています。似たようなリストにやりたいことや欲しいものをたくさん書き出す「Wish List」がありますが、「棺桶リスト」の方がリアルですね。私は楽しみややりたいことは後回しにしない人生を選びたいと思っています。まずはあなたの「やりたいことリスト（棺桶リスト）」を作ってみませんか。次ページのリストにまず10個やりたいことを書き込んでみてください。先にフセンに書いて順番を決めてから書き込むとよいでしょう。右側の「いつ」「誰と」といったアクションプランは、後でかまいません。この

最終章では、私たちの「夢」をかなえる秘訣をいろんな角度から述べていきます。

## 死ぬまでにやりたいことリスト

年　　月　　日現在

| やりたいことリスト | | アクションプラン | | | |
|---|---|---|---|---|---|
| No. | 何を | いつから | 誰と | どのように | 予算は |
| 1 | | | | | |
| 2 | | | | | |
| 3 | | | | | |
| 4 | | | | | |
| 5 | | | | | |
| 6 | | | | | |
| 7 | | | | | |
| 8 | | | | | |
| 9 | | | | | |
| 10 | | | | | |

## ☆ワンポイントアドバイス

① 「何を」書くかは、あなたの心に問いかけてください。「やりたいこと」と書いていますが「自分がこうなりたい（姿)」でもかまわないのです。例えば「豪華客船で船旅をする」「沖縄に住んでみる」「バイクで日本一周をする」「マイナス10歳の外見をキープする」「ヤギを飼う」など。

② Wish Listのように思いつくままたくさん書き出したい場合は、その項目のアクションプランは省略してかまいません。

## 2　"ひらめき"や"発想力"を磨き、行動へ

　行き詰まったときに何かいいアイディアがないかしら、と頭を抱えることがあります。逆に思いがけないときに、「ふと」とてもいいアイディアが浮かぶことも。夢をかなえるためにはいい "ひらめき" や "発想" は不可欠で、それを自分の味方に付けることができれば、夢を具体化するときなどいろんな場面で役立てることができるでしょう。

　そこで次ページをご覧ください。上の図は "ひらめき" や "発想" を導くプロセスを図解したものです。まずはベース（土の役割）の上に元気な「夢のタネ」が蒔かれ→それが育っていく過程で "ひらめき" を誘発するきっかけとなる「何か」（触媒）と出合うことで化学反応が起こり→思いがけない "ひらめき" を得ることができるのです。

　例えば私の場合は、商品化予定の持ち運びができる「ホワイトボードフォルダー」（フォルダーの内側にホワイトボードペーパーが貼り付けてあるもの）を作っていますが、これはあるとき100円ショップでホワイトボードペーパー（触媒）を見つけ、フォルダー（夢のタネ）に貼り付ければ便利な携帯用ホワイトボードになると "ひらめいた" ものです。大なり小なりこのような "ひらめき" や "発想" は、夢につながるヒントになるのでアイディアノートなどに記録して、時間があるときに見直す習慣をつけておくとよいでしょう。「触媒」は、人であったり物であったり、何がそれになるかはわかりません。普段から「夢のタネ」を頭に刷り込んで、フットワークを軽く、いろんな場所に好奇心を持って出掛けましょう！

　なお、気分がリラックスしたときにもいい考えが浮かびます。例えば、お風呂に入っているときや朝起きぬけの布団の中など。私の場合は朝布団の中でゴロゴロしているときに、前日まで迷っていたことの答えやヒントが見つかることがよくあります。生理的な「脳の働き」や「睡

眠」といったことにも気を配るとよいでしょう。自分にとっていいひらめきやアイディアが浮かぶ "ゴールデンタイム" はどんなときなのか摑んでおきましょう。それに関連して、自分にとって一番頭がさえた時間帯も意識しておくと、生産性がグッと上がります。

## ひらめきや発想を誘発するプロセス

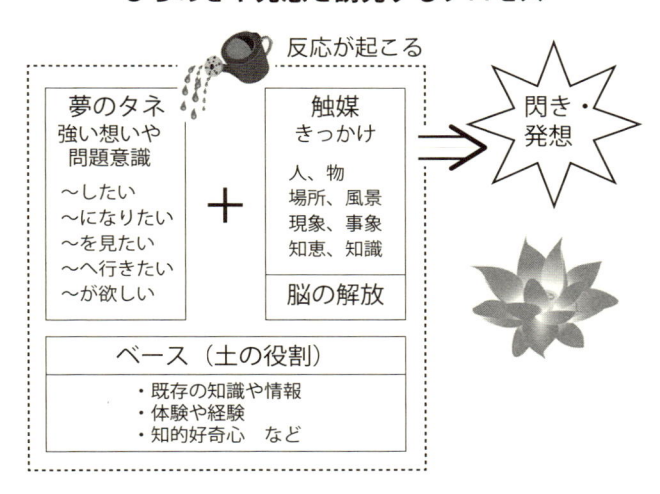

## 自分のゴールデンタイムを書き込んでみましょう。

| | 質問 | 回答 |
|---|---|---|
| 1 | あなたがいいアイディアを思いつくのは、どんな場所で、どのような状態のときですか？ 思いつくだけ書き出してみましょう。 | |
| 2 | あなたにとって一番生産性の高い（頭が冴えた）時間帯はいつですか？ | |

## 3 「スタンバイOKの体」をキープする

「あなたは今、健康ですか？」。いくらかなえたい自分の夢があっても肝心の自分の体の状態が万全でなければ、せっかくのチャンスを逃したり、想いを遂げられないまま悔しい思いをするだけです。

「整理・整頓する」ということは、チャンスに対して「スタンバイOK！」「Be prepared（準備できた状態）」であることです。それは自分の健康や体調管理に関しても同様で最優先事項です。健康であればいろんな環境の変化にも適応し、十分に自分の能力を発揮することができます。病気に限らずちょっとした不注意から転んで骨を折ったり、ギックリ腰になることなども起こり得るので、普段から気をつけたいものです。

ところで「健康」といえばまず肉体的な「体」の健康を思い浮かべますが、ストレスや不安が続くと「精神面」でのバランスを崩すことがあります。精神面のアンバランスは心理的に作用し、「心」が憂鬱でネガティブな気持ちになります。そして心の平静さや健康が損なわれると、食欲もなくなりやる気も失せて体にも悪影響が出てきます。このように健康は「体」と「精神」と「心」の３つが相互に作用し、どれ一つが不調でも少なからず本人に影響を及ぼしてくるものです。そういう意味で日常的にこれら３つのバランスを保つことが大切です。

### （1）精神のバランスをキープするには……自分を大切にすること

① ストレスや不安をためないこと。
② 気分転換や自分なりの発散方法をもつ。
③ 気がかりを書き出して、客観的に整理してみる。
④ クヨクヨ過剰に考えすぎないこと。時に、割り切りや諦めも必要。
⑤ 信頼できる相談相手をもつ。
⑥ 美味しいものを食べ、ゆっくりお風呂に入り、十分な睡眠をとる。

⑦ 規則正しい生活を送り、日中の光を浴びる。

⑧ ぶらりと旅に出てみる。懐かしい場所でもいいし、初めての場所を無心に歩いてみるのもいい。

⑨ 自分の「お守り言葉」を唱える。私の場合は「すべては必ず絶対うまくいく！」

## (2) 明るく前向きな心を保つには……心を揺さぶるものに触れること

① 早起きして新鮮な空気をいっぱい吸う。

② 自然や動植物に触れて、自然のエネルギーをいただく。

③ 自分が元気になる「パワーミュージック」を聴く。

④ 自分が好きな、会っていて楽しい人と過ごす。

⑤「やりたいことリスト」や「夢」について書いてあるものを見る。

## (3) 健康な体（肉体）をキープするには……毎日が大切

① 定期的な健康診断はもとより、歯など特に早めのメンテナンスが大切。

② ウォーキング、スポーツジムなど運動を生活習慣に取り入れる。

③ 普段から自分の体内リズム（体内時計のこと）を整えておく。

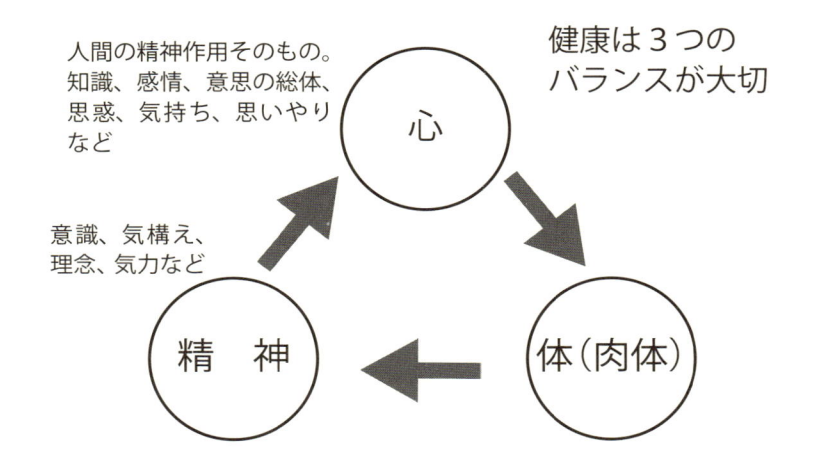

人間の精神作用そのもの。知識、感情、意思の総体、思惑、気持ち、思いやりなど

意識、気構え、理念、気力など

心

精　神

体（肉体）

健康は３つの
バランスが大切

## 4　「決める力」と「続ける力」をもつ

### (1)「決める」際に心がけること

人生は「選択」と「決断」の繰り返しです。選択もまた決断の結果。

これまでの決断が今の自分を作り、これからの決断が明日からの自分を作っていくといえます。今まで述べてきた整理や整頓は、私たちが正しい決断が下せるように環境を整えたり、必要なデータを準備したりすることでした。しかし、そのように用意周到であっても、決断に迷ったり、決断を後悔することがあります。そこで、人生を左右する「決める力」について、自分なりの考えをもっておくとよいでしょう。ここでは「決める」際に心掛けておくことについて述べます。

### ①何をしたいのか、どうなりたいのかをはっきりさせる

自分自身の欲望や内なる言葉に正直になること。

### ②何かを「決める」ことは何かを「捨てる」こと

結婚すれば、配偶者以外の人と深い関係になるわけにはいきません。結婚という安定を手に入れる代わりに自由恋愛のパスポートを手放すわけです。また、親の介護に専念すると決断すれば、好きな仕事も辞めざるえない場合もあります。決断には、何かを捨てたり、あきらめたりすることが表裏一体で潜んでいることを理解しておくとよいでしょう。

### ③迷わず、後悔しないで「決める」ことは難しい

誰でも重要な決断であればあるほど迷い、後で後悔することがあります。ああすればよかった、こうしておけばよかったと。政治家や経営者が占い師に相談するというのはよく聞く話です。後で後悔することがあったにしても、後悔しすぎないことです。そのあたりのメンタルを強くもちましょう。人間だから仕方がないこともあります。

### ④決断は急がない

決断する期限が決まっていて、それを過ぎると条件が悪くなる場合が

あります。どうしても決めなくてはと、それに乗せられて誤った決断を下すのはよくありません。例えば、自宅を購入するときや結婚年齢を気にしてのお見合いなども。本来冷静ならば見て欠陥や問題点がわかるところでも、気持ちがあせっていると「危険予知センサー」が機能しなくなるのです。欠陥住宅や夫がDV夫とわかっても後の祭りです。

### ⑤人の目を気にしない

人からどう見られているといったようなことは気にしない。他人があなたの人生に責任をもってくれるわけではありません。

## (2)「続ける力」は「捨てない」こと

「夢をかなえる」ためには、何があってもその夢を「捨てない」で持ち続ける「持続力」や「継続力」が不可欠です。2018年の冬季・平昌オリンピックでは、日本は最多13個のメダルを獲得しました。いろんなドラマが繰り広げられたオリンピックですが、前年10月に右足首を負傷した羽生結弦選手が、困難を克服し、フィギュアスケート男子シングルで金メダルを獲得した場面はとても感動的でした。いつのオリンピックでも、アスリートたちの夢を求めて懸命に競い合う姿に、さまざまなドラマを感じとり、私たちはその美しさに打たれます。

私たちの夢はオリンピック選手のそれと比べようはありませんが、続けないことには何ごとも始まらないし、たとえゼロからのスタートでも10年続ければ、たいていのことは一通りできるようになります。問題は取り巻く環境の変化があっても、それ以上、続けられるエネルギーを持てるかということです。

ちなみに私は30年ファイリングの仕事に携わっていますが、飽きることはありません。それどころかますますファイリングにハマっています。「続ける力」の原動力は、「とにかくそれが大好き！」というシンプルなことなのでしょう。

## 5　人間関係を整理して「流れ」をつくる

　人間生きているうちには、公私を問わずいろんな人間関係ができあがります。良好な人間関係は人に生きる喜びや楽しさ、潤い、新たな出会いなどを与えてくれますが、こじらせてしまうと一番厄介で、ストレスを感じるのも人間関係です。人脈は人生の中で、意識的に広げる時期や子供や趣味などを通じて自然と広がっていく時期があると思います。自分が転機や節目と感じるときに意識的に人間関係の整理を行うと、自分の将来の足がかりになります。定年後は地域活動やボランティアなどを考える人は、早めに地域デビューをしましょう。かくいう私も故郷人脈の再構築中です。

　次ページ上の図は、本人を中心とした人間関係図で、外側にいくほど外的な関係になっています。「1. 家族」から「10. その他の人脈」まで10個の関係性で分けてあります。人間関係の層は、それぞれ同じ幅ですが、実際には作る人によって層の幅は違うはずで、同一層にある人間関係でも重要度により「境界線」をつけるとよいでしょう。また直接名前を書き込めば、ボリュームがわかり全体を俯瞰できます。この図は今のあなたの人間関係を正直に映し出す「鏡」になります。

　次ページ下の表は、ちょっとシビアですが書き出した人を「ずっと付き合い続けたい人」「付き合いを少なくしたい人」「付き合いをやめたい人」の3つに区分してあります。今までの"しがらみ"は潔く断ち切って、次のようなことに留意して5年後10年後につながる血の通った人脈づくりの糧としてください。人間関係にも「流れ」が必要です。

① ずっと付き合い続けたい人はどんな人たちが残ったのか。「人生を共有する」その人たちとは、今後どのように付き合っていくのか。

② 新たに出会いたいのはどんな人たちなのか。また、どこに行けばそのような人たちに出会えるのか。

## 本人取り巻き図

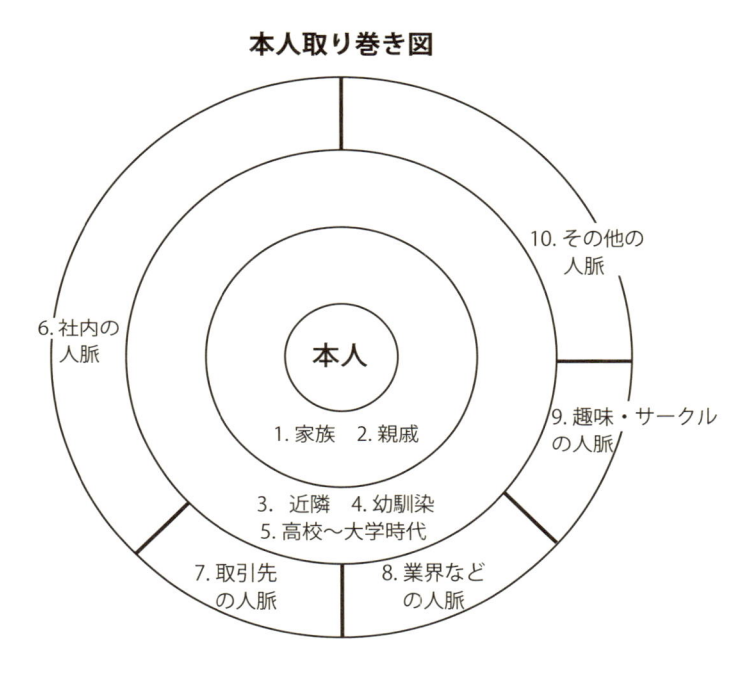

## 人間関係仕分け表

| Ｎo. | 関係の種類 | ♡ずっと付き合い続けたい人 | 付き合いを少なくしたい人 | 付き合いをやめたい人 |
|---|---|---|---|---|
| 1. | 家族 | | | |
| 2. | 親戚 | ○○○○ ○○○○<br>○○○○ ○○○○ | | ○○○○ |
| 3. | 近隣（ご近所づきあい） | ○○○○ ○○○○ | | |
| 4. | 幼馴染（幼少〜中学時代） | ○○○○ ○○○○<br>○○○○ ○○○○ | | |
| 5. | 高校〜大学時代 | | | |
| 6. | 社内の人脈 | | | |
| 7. | 取引先の人脈 | | | |
| 8. | 業界などの人脈 | | | |
| 9. | 趣味・サークルの人脈 | | | |
| 10. | その他の人脈 | | | |

## 6　「人生グラフ」で自分の今までを俯瞰する

　私は数年前ある雑誌で「自分と仕事のこと」というテーマで取材を受けたことがあります。そのときに、何年いくつの年齢のときに、公私でどんな出来事があったか、次ページ上のような「社会人ヒストリー」の表にまとめてみました。言葉を変えれば「人生年表」のようなものです。このような「人生年表」を作っておくと「やれ終活だ」などと気負うことなく、思い出と共に自然に人生整理が進むように思います。自分史を作成したり、思い出の写真などを整理するのにも役立つことでしょう。

　せっかく「人生年表」を作ったので、今までの自分の人生の「流れ」や「転機」を俯瞰しようと思い、今度は「人生年表」をもとに「人生グラフ」を作ってみました。すると次ページ下のようなものができ上がりました。

　縦軸は人生の「充実度」、横軸は20代からの各年代で、その時々の気持ちを矢印で表してみました。こうして俯瞰してみると、私の今までの「転機」は2度ありました。29歳でイトーキへ転職したときと45歳でイトーキを辞めて独立したときです。この間16年。そして今度60歳になったら引っ越しを控えているので、これが3度目の大きな転機になります。大きな流れは概ね15年周期のようです。なお、人生の「充実度」はファイリングの世界に入ってからは自分の情熱を注ぐものが見つかったので、右肩上がりです。特に独立してからのほうが時間に縛られず、自分がやりたいことを自由にやって仕事の幅を広げてきたので、充実度がさらに高まっています。ただし、生活が安定するには5〜6年かかりました。幸い平均4年に1冊のペースで本が出せたので、これによってさらにクライアントの幅が広がっていきました。

　皆さんどうでしょう、「人生グラフ」っておもしろいですね。第8章で紹介したマイパネルで作ってみると、さらに大きく良いものができるでしょう！

## 人生年表の例

| 西暦 | 和暦 | 年齢 | 主な転機・出来事（仕事関係） | プライベートな出来事 | 大きな社会の出来事 |
|---|---|---|---|---|---|
| 2018 | 平成 30 年 | ○歳 | | | |
| 2017 | 平成 29 年 | ○歳 | | | |
| 2016 | 平成 28 年 | ○歳 | | | |
| 2015 | 平成 27 年 | ○歳 | | | |
| 2014 | 平成 26 年 | ○歳 | | | |
| 2013 | 平成 25 年 | ○歳 | | | |
| 2012 | 平成 24 年 | ○歳 | | | |
| 2011 | 平成 23 年 | ○歳 | | | |
| 2010 | 平成 22 年 | ○歳 | | | |
| 2009 | 平成 21 年 | ○歳 | | | |
| 2008 | 平成 20 年 | ○歳 | | | |
| 2007 | 平成 19 年 | ○歳 | | | |

## 人生グラフ（筆者の場合）

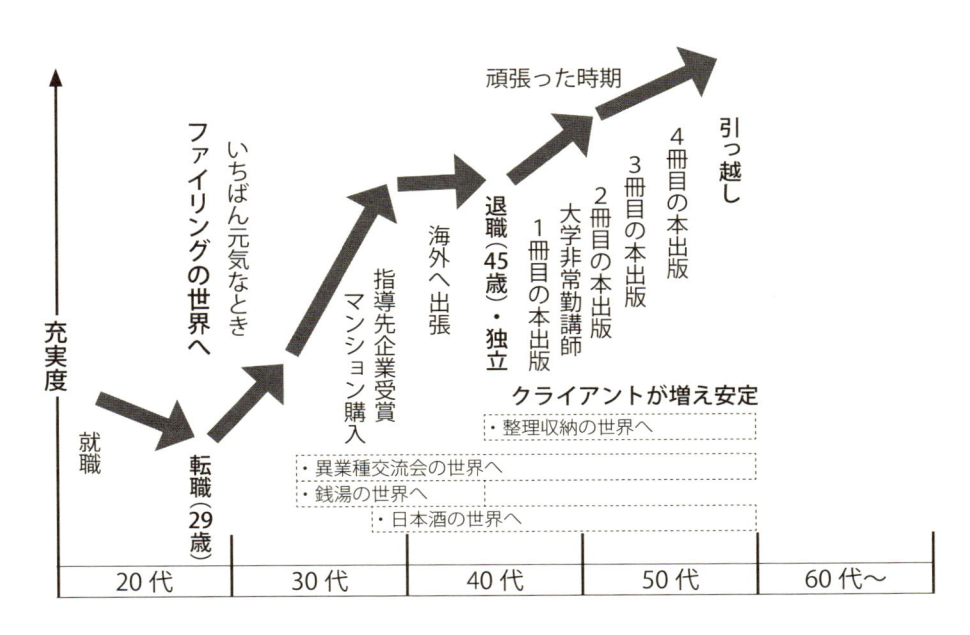

## 7 | 自分のルーツを整理して、「バックボーン」を強化する

　NHKの番組で「ファミリーヒストリー」という著名人の家族の歴史を本人に代わって徹底取材し、「アイデンティティ」や「家族の絆」を見つめる番組があります。驚きあり、感動ありのドキュメント番組で私はよく見ています。

　「アイデンティティ」とはわかりやすく言うと「自分自身のよりどころ」「本人自身であること」「本人の存在意義」といったようなところです。本人の生まれ育った環境が作り出すものですが、成長してからの自分自身の趣味嗜好・気持ちや行動などは、かなりこのアイデンティティにつながってくることが多いのではないでしょうか。個人差はありますが、定年後に家系図を作成したり、自分のルーツ探しをする人は多いようです。これは自分のアイデンティティを再確認する行為だと私には思えます。つまり「自分とは何なのか」「自分の人生とは何なのか」というところにつながってくるのです。そういう意味では、「究極の自分整理」といえるでしょう。

### (1) 家系図を作ることのメリット

　実は私も40代後半のころに小野家の家系図を友人に作成してもらいました。現存する戸籍をもとに作成したものなので、明治19年に亡くなった高祖父からになります。今まで親からいろいろ話は聞かされていましたが、なかなか名前や養子縁組などの関係性まではわかりませんでした。しかし戸籍をもとに作成した家系図は、分家も含めて一目でわかるように図式されています。しかも興味深いのが「家系図系譜」というもの。先祖の名前・性別・生年月日・死亡年月日・身分事項が一覧表になっています。身分事項には「どこどこの誰々がいつ誰と結婚した（養子縁組した・離縁した）」などの記載まであります。これを参考に家系

図に生年月日や死亡年を書き入れていくと平面的な家系図も、その上に時代背景という空間が広がり、立体的な絵巻物のように思えてきます。日清・日露戦争、第一次大戦、満州事変、日中戦争、太平洋戦争、戦後。ご先祖様はどのように生き抜いてきたのかしら。私の実家の建物は築150年ほど経過し、蔵もあるので古いものがまだ随所に残っています。だからそのような想いが強いのかもしれません。でも、これが私のアイデンティティの一面なのでしょう。家系図を見ているとご先祖様と「何かを共有」しているような気持ちになります。自分のルーツを整理・確認することは自分のバックボーンを強化して、一歩前に踏み出す勇気と自信をもたせてくれるような気がします。

## (2) 今日は何の日？〜メモリアルカレンダー〜

　実家の母がおもしろいものを見せてくれました。親戚のT叔父が作成したという「土松ファミリー：メモリアルカレンダー」です。それは、土松（母の旧姓）ファミリーの全員の生年月日や故人の命日、結婚式の日などが色分けして記入されたお手製カレンダーでした。

　「あ、うれしい私の名前も入っているわ」。欄外に「今日は何の日」「故人には感謝の祈り」「誕生日の方には『おめでとう』と念じてみよう」と書かれています。いや〜、驚きました！　毎月10人くらいの誕生日があるようです。登場人物も優に100人以上。外国の人もいつの間にかファミリーに入っていました。これはオモシロイ！　親族の共通の情報をこれで共有化し、かつ立派な「生きたコミュニケーションツール」になっています。T叔父に脱帽です。

家系図やメモリアルカレンダーなど

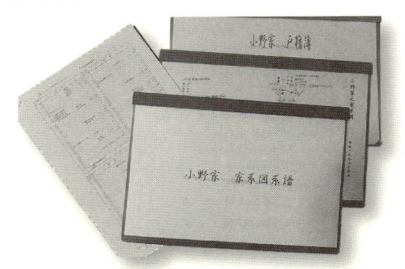

## 8 人生の師匠をもつ 〜人との出会いが人生を変える〜

　今では、フェイスブックやSNSなどを利用し、インターネット上の出会いを加速度的に広めることができますが、私の30代のころは、リアルな異業種交流会や勉強会などが流行っていて、一番多いときで20個くらいのいろんな集まりに参加していました。毎日が楽しくてしようがなかったころです。きっかけは「人がごちそう」をテーマに、全国の異業種交流会、勉強会、サークルなどを1年に1回、1カ所の会場に集結させて交流や情報交換を行う「知恵の輪」というイベントでした。

　初めて参加した北海道大会では、仕事とはまた別に、その後の私の人生を好転させてくれる多くの人たちとの出会いがありました。そのなかでもとくに、「ヒューマンハーバー」の青木匡光さん、「水雲会」の大須賀敏剛さん、「丸の内朝飯会」の市原実さんの3人には、20年以上経過した今も感謝の念に堪えません。

　青木さんはサロン風のオフィスを「ヒューマンハーバー」として開放し、人間関係に悩む人には指針を与え、人生に意欲的な人同士を結びつけてくれる心の広い「港」のような存在です。拙書『夢をかなえるファイリング』（法研）を書く最初のチャンスを作ってくださったことはもとより、いろんな機会に声をかけていただき、いろんな情報や多彩な人たちをご紹介いただきました。私の父と同世代ですが、現在も各地で講演活動をされています。

　また大須賀さんは「よく学びよく遊ぶ」をモットーにした「水雲会」という勉強会の代表です。この会は月1回のペースで専門分野のゲストを呼んで話を聞き、その後2次会で懇親を深める楽しい会で、1979年から30年以上続いています。当時大須賀さんは忙しい銀行マンであったはずですが、よく続けたものだと感心しています。現在は、年1回の新春講演会と食と学びを中心とした旅行をメインとしています。昨年は沖

縄に3泊4日で旅行しましたが、摩文仁の丘での慰霊から始まり、沖縄の文化・歴史を学び、最後は辺野古の埋め立て地を目前にする浜のテントまで出向き現場の話を聞くという、密度の濃い旅でした。私とは世代が違いますが、ことあるごとに団塊の世代として「仲間との団結力」「硬派」「知的に学ぶ」ことの意味を感じさせてくれます。

さて3人目の市原さんは、「丸の内朝飯会」という"サラリーマンの情報交換は朝飯会場で"などと新聞やテレビでも数多く報道されている50年以上の歴史をもつ早朝勉強会の世話人を長年務めた方です。民間企業を経て、地域振興や地域経営を専門として執筆し、大学で教鞭をとっていました。とにかくフットワークがよく、勉強家で、時間の使い方や情報整理がうまく、穏やかな人柄です。私の大いに見習いたい方です。

ところで、本書のタイトルは「整理・整頓は人生を変える」となっていますが、単に身のまわりの整理や整頓をすることだけでは、いろんな気づきは得られるものの、「人生を変える」というほどの大きな変化にはなかなかつながりにくいかもしれません。やはり良くも悪くも人生を変えるのは「人との出会い」が大きいことは事実です。そのなかでも特に世代を超えた出会い、自分にとって「師匠」となるような尊敬できる人と出会うことができればラッキーです。

私にとっての「お師匠さん」は、ここで紹介したお三方ですが、あるときには厳しくあるときには親身になって相談に乗ってもらい、精神的な支柱でもあります。そしていろんな場面で、生き方や社会人としての立ち居振る舞い、マナーなどを教えてくれているのです。ネット社会で人間関係が希薄になりつつある現代だからこそ、良い出会いと人生の師匠を持つことの大切さを強調しておきます。なお、人付き合いをしていくなかでは「情報は大切なお土産」になるので、その整理は欠かせません。

## 9 人間力を磨いて、「香り」ある人になる

「人間力」にはいろんな定義がありますが、ひとことで言えば「人としての基本」です。わかりやすくいえば次のようなことです。

正直さ、誠実さ、オープンマインド、謙虚さ、感謝の心、自制心、相手への理解、winwinの関係、裏表なく打算抜きの付き合いなど。

完璧な人間など存在しませんが、好感度の高い人は相対的に人間力が高い人ともいえます。

ところで、前項で「人との出会いが人生を変える」と述べましたが、会いたいと思う相手に出会っても「好感」をもってもらえないことには、その先がありません。好感度が高い人は、人間力にプラスして人を惹きつける魅惑的な「香り」をもっています。その香りはその人の個性と心の魅力の総和であり、プラス人格（思いやり、ひたむきさ、情熱など）といえるでしょう。良い出会いを橋渡しして良い人生にするには、私たち自身が「香り」ある人になるよう自分を磨き続ける必要があります。

私の師匠、青木匡光さんは人生を楽しむコツを、「言葉の杖」としていろいろ伝授してくれました。そのなかで「香り」ある人になるための10の秘訣を紹介したいと思います。

### ①T型人間になる

T型人間とはバランスがとれた人間のことです。Tの横棒はその人の人脈と教養、縦軸はその人のオンリーワンとしての専門性や技術のこと。縦棒（スキル）だけ磨いていては不安定な人生です。専門性や技術は、その人の人間性や教養が結びついてこそ人の心が動かせます。

### ②両性美をもつ

一般的に男性の美しさは決断が早くて行動力やバイタリティがあり、女性の美しさには優しさに加えて心配りがあり、いろんなことの組み合

わせ（料理では素材、オシャレでは色など）を得意とします。これから
は「心優しくバイタリティがある」人になることです。

### ③心配りを忘れない

「ミーイズム」でなく「ユーイズム」。相手の立場になって考え思いや
ることです。相手を評価・尊敬する形でひたむきに接する。そんな気持
ちにほだされて「なんていい人なの！」という印象を相手に与え、相手
の交際リストに自分を登録させてしまう。「相手の喜びが自分の喜び」
という二重奏を奏でていけば、人生も楽しくなります。

### ④聞き上手になる

相手の話を自分の問題と受け止めて、お互いの違いを理解するように
聞いていくことです。知恵のある人は、人との出会いを楽しんで、持っ
ているいろんな情報や「言葉の杖」をあなたに伝授してくれます。

### ⑤ユーモア感覚をもつ

陽性の人は周りを明るくしてくれます。自分で自分を笑う、またはか
らかう心の余裕があれば他人から笑われても気にならないし、相手を笑
い飛ばすこともできます。何より自分を客観的に眺めるゆとりと寛大さ
があれば、ユーモアも自然に湧いて、いち早く相手を味方にしてしまい
ます。

### ⑥心を揺さぶる「仕掛け人」になる

他人の仕掛けばかりに乗らないで、自ら仕掛けることが大切です。食
事会など小さな仕掛けであっても見事に成功させて「仕掛けの感性」を
育みながら、「こうすれば相手が喜ぶ」という親切心を自分の仕掛けに
結び付けていきます。こうして日常レベルで感性を磨くほど、人の心を
揺さぶる知恵がついていきます。「乗るより仕掛ける楽しさ」がわかれ
ば上級者。

### ⑦遊び心をもつ

遊びを知らない人に人生の味はわかりません。一生懸命仕事をやって

のけたら、もう一方で思いっきり遊んでみることで人生の良い時が刻み込めるもの。このバランス感覚が人間味を豊かにしてくれます。

**⑧好奇心を持つ**

人間に関わりあることのすべてに興味を抱いていること。人付き合い、読書、さまざまな「体験のムダ」の累積が教養として身に付いていく。ムダを教養に転嫁する力。つまり相手を退屈させない知的会話のタネを増やすので、幅広く活躍しやすくなります。知的会話のタネが増えてくれば、それが引き金となって相手から新たなタネを提供されるようになり、そこから「知的拡大再生産」が始まります。

**⑨情報発信人になる**

情報を単に受け売りするのではなく、どんな情報であっても"自分の直観"にこだわっていくこと。つまり「自分にとって必要かどうか」「役立つのかどうか」「オモシロイかどうか」で選ぶのです。選んだ情報は自分流に「組み立てる」「加工する」などを行い、自分の情報として発信するように心がけること。情報のキャッチャー型からピッチャー型に自分を変えていくということです。

**⑩生き方上手の「バガボンド（vagabond）」を目指す**

「生き方上手」は一年のなかの一日一日、一日のなかの一瞬一瞬、絶えず変化してく状況（流れ）にうまく対応して旅をしていく人のことです。老若男女を問わず、この"さすらいの心"をもつ旅人のことを「バガボンド」といいます。バガボンドを身に付けている人の強みは"人生に退屈しない"という心の仕掛けです。その心を持てば、日々新鮮な驚きや感動を味わえて"今を楽しめる人生の最高の境地"に達することができることでしょう。

# 10 整理・整頓のメカニズムが人生を変える

　本章では、それまでの章で書けなかった整理・整頓を血の通った「メカニズム（仕組み、装置）」として生かせるような秘訣について述べてきました。いよいよ最後の項となりましたが、ここまで読んでいただきありがとうございます。本書では家の中の台所やリビング、押し入れといったような各部屋の整理収納についてはあえて触れていませんが、現実的には困っている人も大勢いることと思います。そのような方は整理収納アドバイザーで開業している人がたくさんいますので、ぜひ相談してみてください。

　さて、当初は紙の書類からスタートしたライフファイリングも最終的には私たちの人生を整理し、夢をかなえるといったところにまで広がりました。

　私は、身のまわりに集まってくるさまざまなものは、すべて「その人情報」（その人を表す情報）だと思っています。そして自然の法則で、すべての物事は手段を講じないと、でたらめな方向に乱雑に散らかっていくと思っています。ですから整理・整頓は私たちの生活に効率性とともに、本来は「秩序と静けさ」を取り戻す手段だと思っています。幸い私は自分の仕事であるファイリング・システムを長年続けていくなかで、ファイリング・システムこそがあらゆるものごとの整理・整頓のエッセンスを含んだオールマイティ整理術であると気づきました。今回は個人向けに「ライフファイリング」としてアレンジしていますが、大切なことは次ページ下の「運命（人生）が変わっていくプロセス」です。本当のスタートは整理・整頓が終わってから始まります。

　静けさを取り戻した空間と頭で、それまでに得た気づきをもとに意識して良い方向に「行動」を変えて、良いことは「習慣」にしましょう。それが継続すれば良い香りに「人格も変わって」いくことでしょう。その

ような素敵な人になれば、良い出会いがあり、出会いが新たな運命に導いてくれることでしょう。整理・整頓が人生を変えるメカニズムを意識してください。

### ライフファイリングで整理するもの

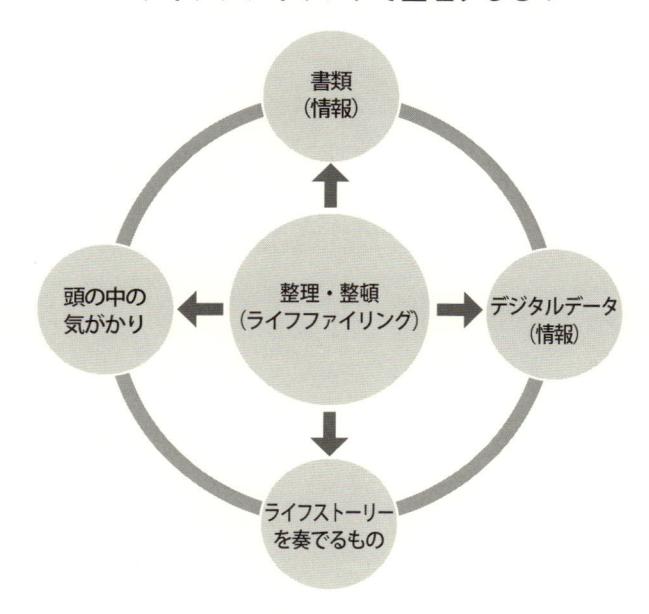

### ライフファイリングで運命（人生）が変わっていくプロセス

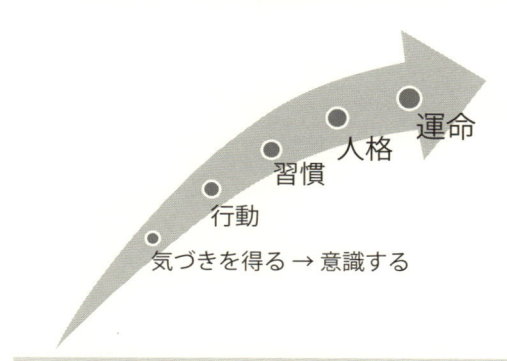

## おわりに

　読者の皆さん、最後まで読んでいただきありがとうございます。

　私は2006年に、初めての著書である『夢をかなえるファイリング－整理・整頓は人生を変える－』を今回と同じ版元である法研から出版しました。それから12年。その間、オフィスでのファイリング指導のかたわら、いろんな方のご自宅に伺ったり、個人向けセミナーを実施しながらライフファイリングの実践と検証を行ってまいりました。そして今回、続編として私の頭のなかでずっと"したためてきたこと"を実物の本として書かせていただく機会を得て、大変うれしく思っています。

　「整理・整頓が人生を変える」……当初、オフィスの文書整理であるファイリング・システムがどうして人生を変えるところにつながっていくのか、またそれを読者の皆さんにどのように書けばうまく伝わるのか、自分自身とても悩み、模索しながら書き進めてまいりました。そのようななかで、私がたどり着き、確信したことは次の7つです。

①私たちのまわりに集まっている"あらゆる物事（人間関係も含め)"は、その人に由来する「その人情報」であり、いろんなもの（紙媒体や電子媒体、その他）に載ってやってくる。

②すべての物事は食い止めないと、すべて"でたらめな方向に拡散"してしまう（混乱・混沌・雑然・でたらめ）傾向がある。

③「捨共流」は、あらゆる物事が"でたらめな方向に拡散"することを防ぎ、秩序を回復し"清流"を取り戻す考え方である。

④さまざまなオフィスで長年実践され、効果を上げている「ファイリングシステム」は、整理する対象物を選ばず、またオフィスであろうが

自宅であろうが、目に見えるもの見えないもの（心や頭の中）なども含めて、情報と空間を"オールマイティに片づけられる"手法である。そのような手法を個人や家庭向けにアレンジした「ライフファイリング」は"古くて新しい片づけ術"といえる。

⑤私たちは仕事でも自宅でも、自分自身についても、いろんな"気がかりや懸案事項"を抱えている。ストレスの原因となるそれらは、紙に書き出して「見える化」し、全体を俯瞰して優先順位を付けて考えるとよい。必要以上に悩むことはない。

⑥"スッキリした心や静けさ、空間"が大切である。それらは人に安らぎと心の余裕を与え、自分自身を見つめ直し、次に進む前向きな心やイキイキしたエネルギーを作り出してくれる。

⑦人生は片づけの連続である。「前片づけ」は次の段取り、「後片付け」は明日の準備。そのことを心に刻んで実践すれば「片づけ上手は、生き方上手」になれる！

ところで、昨今のIT技術の進展は目覚ましく目を見張るものがあります。紙から電子へ変換する電子化技術は進歩し、また、スマートフォンが行きわたり、各種情報を整理する便利なアプリもたくさんあふれています。私は便利さは便利さとして認める一方、ITツールの使い方以前に、基本となる情報の取扱い方法や取捨選択、情報の整理方法といった基本的なこと（ファイリングシステム）が後回しになっていることに危惧を覚えています。

本書のライフファイリングは紙ベースの整理方法を基本に書いていますが、これはオフィスでも通用する整理方法です。まずはこの基本をマスターして、次に読者の皆さんが自分が必要とするそれぞれの場面に応用していただければと思います。そして大切なことは、やはり"明るく前向きな心"と一歩前に踏み出す"勇気"だと思います。それがあれば、いつからでもスタートできます。今回紹介したライフファイリングが、皆さんの人生をイキイキと好転させる糸口になれば幸いです。

　最後に、この本の企画を持ち込んで私に「次の扉のドア」を開くチャンスを下さった法研の岡日出夫さん、作図や写真などが多い私の原稿をしっかり仕上げて下さった編集者の山下青史さん、そして写真提供をしてくださった皆さんに心より御礼申し上げます。


2018年4月

小野裕子

**著者略歴**

**小野 裕子**(おの ひろこ)

ファイリング・コンサルタント、クラター・オーガナイザー ®2006 (乱雑さからの秩序回復をプロの視点でアドバイス)、日本秘書協会認定講師。

岡山県倉敷市出身。大学卒業後、商社勤務を経て 1988 年㈱イトーキ入社。ファイリング・コンサルタントとして日本全国の企業、団体、学校、病院、地方自治体などさまざまな業種業態、事業規模のファイリング・システムの導入や維持管理指導、調査などに携わる。2004 年独立、現在は大手企業のみならず個人や一般家庭へもフィールドを広げ、ファイリングの導入指導、通信教育、ファイリング・ゼミ、講演、執筆、取材協力、商品開発など幅広く活動を展開している。

著書に『夢をかなえるファイリング』(法研)、『ファイリングの基本＆超整理がイチから身につく本』(すばる舎)、『片づけの教科書』(明日香出版社) がある。

E-mail ono@filing1.com　ホームページ http://www.filing1.com/

**整理・整頓が人生を変える**
―毎日がイキイキする「ライフファイリング」の方法―

平成 30 年 4 月 27 日　第 1 刷発行

著　者　　小野裕子
発行者　　東島俊一
発行所　　株式会社 **法 研**
　　　　　〒 104 - 8104　東京都中央区銀座 1-10-1
　　　　　販売　03(3562)7671 ／編集　03(3562)7674
　　　　　http://www.sociohealth.co.jp
印刷・製本　研友社印刷株式会社

0102

小社は (株)法研を核に「SOCIO HEALTH GROUP」を構成し、相互のネットワークにより "社会保障及び健康に関する情報の社会的価値創造" を事業領域としています。その一環としての小社の出版事業にご注目ください。

Ⓒ Hiroko Ono  2018 Printed in Japan
ISBN978-4-86513-435-3　定価はカバーに表示してあります。
乱丁本・落丁本は小社出版事業課あてにお送りください。
送料小社負担にてお取り替えいたします。

JCOPY 〈(社) 出版者著作権管理機構 委託出版物〉
本書の無断複製は著作権法上での例外を除き禁じられています。複製される場合は、そのつど事前に、(社) 出版者著作権管理機構 (電話 03-3513-6969、FAX 03-3513-6979、e-mail: info@jcopy.or.jp) の許諾を得てください。